Kohlhammer

Der Autor:

Dr. Reinhold Haller ist Erziehungswissenschaftler, Berater, Trainer und Coach sowie Dozent im Bereich Personal und Kommunikation. Er ist selbst von Legasthenie betroffen.

Reinhold Haller

Mit Fehlern leben lernen

Legasthenie und LRS erfolgreich bewältigen

Verlag W. Kohlhammer

Meinen Eltern gewidmet
Ohne die ich keine Bücher schreiben würde

Dieses Werk einschließlich aller seiner Teile ist urheberrechtlich geschützt. Jede Verwendung außerhalb der engen Grenzen des Urheberrechts ist ohne Zustimmung des Verlags unzulässig und strafbar. Das gilt insbesondere für Vervielfältigungen, Übersetzungen, Mikroverfilmungen und für die Einspeicherung und Verarbeitung in elektronischen Systemen.

Die Wiedergabe von Warenbezeichnungen, Handelsnamen und sonstigen Kennzeichen in diesem Buch berechtigt nicht zu der Annahme, dass diese von jedermann frei benutzt werden dürfen. Vielmehr kann es sich auch dann um eingetragene Warenzeichen oder sonstige geschützte Kennzeichen handeln, wenn sie nicht eigens als solche gekennzeichnet sind.

Es konnten nicht alle Rechtsinhaber von Abbildungen ermittelt werden. Sollte dem Verlag gegenüber der Nachweis der Rechtsinhaberschaft geführt werden, wird das branchenübliche Honorar nachträglich gezahlt.

Dieses Werk enthält Hinweise/Links zu externen Websites Dritter, auf deren Inhalt der Verlag keinen Einfluss hat und die der Haftung der jeweiligen Seitenanbieter oder -betreiber unterliegen. Zum Zeitpunkt der Verlinkung wurden die externen Websites auf mögliche Rechtsverstöße überprüft und dabei keine Rechtsverletzung festgestellt. Ohne konkrete Hinweise auf eine solche Rechtsverletzung ist eine permanente inhaltliche Kontrolle der verlinkten Seiten nicht zumutbar. Sollten jedoch Rechtsverletzungen bekannt werden, werden die betroffenen externen Links soweit möglich unverzüglich entfernt.

1. Auflage 2022

Alle Rechte vorbehalten
© W. Kohlhammer GmbH, Stuttgart
Gesamtherstellung: W. Kohlhammer GmbH, Stuttgart

Print:
ISBN 978-3-17-041520-1

E-Book-Formate:
pdf: ISBN 978-3-17-041521-8
epub: ISBN 978-3-17-041522-5

Inhaltsverzeichnis

1	**Einführung**	**7**

2	**Diagnose Legasthenie und LRS**	**19**
2.1	Definition	19
2.2	Ursachen	23
2.3	Symptome und Formvarianten	26
2.4	Auswirkungen auf Schule, Familie und Lebensführung	28

3	**(M)ein Leben mit Legasthenie**	**31**
3.1	Alles in Butter: Eine (fast) normale Kindheit	31
3.2	Diagnose Legasthenie: Ende der Unbeschwertheit	36
3.3	Das Labyrinth: Irrwege einer Schullaufbahn	40
3.4	Ein kleines Biest: ADS als Nebeneffekt	43
3.5	Auf zur Normalität: Die Mittlere Reife im Blick	48
3.6	Ein kleiner Unfall: Beginn des Durchbruchs	52
3.7	In der Sackgasse: Ein fast verhängnisvoller Irrtum	55
3.8	Anschluss gefunden: Endlich am Gymnasium	59
3.9	Motiviert durchstarten: Ein befreiendes Studium	65
3.10	Angekommen: Erfüllung finden im Beruf	72
3.11	Doppelt anders: Meine Legasthenie heute	79
3.12	Lektion gelernt: Mein persönliches Fazit	82

Inhaltsverzeichnis

4	**Legasthenie bewerten und bewältigen**	**85**
4.1	Aus der Mode gekommen: Rechtschreibung heute	88
4.2	Legasthenie: Makel oder Gewinn?	91
4.3	Statt Aktionismus: Frühzeitige professionelle Diagnose	96
4.4	Nach der Diagnose: Wie sage ich es meinem Kind?	99
4.5	Gezielt und ohne Zwang: lernen, üben, trainieren	103
4.6	An sich selbst glauben: Resilienz entwickeln	111

5	**Schlusswort**	**125**

6	**Literatur**	**128**

7	**Literaturempfehlungen**	**131**

8	**Hilfreiche Adressen**	**133**

9	**Index**	**137**

10	**Informationen zum Autor**	**139**

1

Einführung

»Meine größte Schwäche war vor allem
ein schlechtes Gedächtnis für Texte und Wörter.«

Albert Einstein
Physiker und Nobelpreisträger
1879–1955

»Säße ich im Rollstuhl, hätte jeder Mitleid mit mir.
Wenn ich sage, dass ich Legastheniker bin,
gelte ich als dumm.«

Tiemo Grimm
Universitätsprofessor für Humangenetik,
der sich zu seiner Legasthenie bekennt

1 Einführung

Mit Fehlern leben zu lernen ist eine Aufgabe, die letztlich allen lebenden Menschen abverlangt wird. Schließlich ist niemand wirklich unfehlbar oder perfekt. Diejenigen, welche sich selbst für vollkommen halten, wohl am wenigsten.

Zur echten Herausforderung aber wird diese Aufgabe für all jene Menschen, die lernen müssen, mit Fehlern zu leben, die sich nicht einfach abstellen oder vermeiden lassen. Für Menschen also, welche Fehler nicht nutzen können, um daran zu lernen, zu reifen und klüger zu werden. Denn schließlich gibt es Fehler, die für sich genommen keine klassischen menschlichen Fehler sind, sondern sich wiederholende Symptome eines Fehlers in der sensorischen Wahrnehmung und deren neuronaler Verarbeitung.

Menschen mit Legasthenie, Dyskalkulie oder verwandten Teilleistungsstörungen sind konfrontiert mit Fehlern beim Lesen, Schreiben, im Umgang mit Zahlen, im Erkennen von Gesichtern oder Emotionen. Sie begegnen diesen Problemen nicht, weil ihnen beständig dumme oder vermeidbare Fehler unterlaufen. Vielmehr zeigen sie geringfügige Unzulänglichkeiten in ihrer Wahrnehmung und in deren zerebraler Auswertung. Man könnte sagen, sie machen keine Fehler, sondern der Fehler ist Teil ihrer selbst.

In diesem Kontext ist der eigentliche Lernvorgang ein grundsätzlich anderer als beim Umgang mit gewöhnlichen Fehlern, aus denen wir im besten Fall klüger werden, ganz nach dem Motto von Wilhelm Busch:

Aus Fehlern wird man klug,
darum ist einer nicht genug.

Bei einer Legasthenie oder ähnlichen Beeinträchtigungen geht es aber nicht darum, aus jedem der damit verbundenen Fehler etwas Neues zu lernen. Es geht vielmehr darum, mit einem permanenten und beständigen Fehler leben zu lernen. Die Herausforderung besteht dabei darin, das mit dem Fehler verbundene eigene Handikap anzuerkennen, anzunehmen und zu lernen, sich damit im Leben nachhaltig zu behaupten. Dazu gehört, zu akzeptieren, dass man mit seiner Schriftsprache immer wieder Fehler macht und machen wird. Fehler, welche für andere sichtbar sind und die mit beständiger Beurteilung, Missbilligung und mitunter auch Ausgrenzung einhergehen.

Die Aufgabe, mit seinen fortwährenden Fehlern zu leben, ist also eine Herausforderung oder gar Kunst, die vielen Menschen abverlangt wird. Von dieser Herausforderung und den verschiedenen Hilfsmitteln und Möglichkeiten einer erfolgreichen Bewältigung soll in diesem Buch berichtet werden.

Tatsächlich wird jeder, der über das Phänomen Legasthenie oder LRS recherchiert, in Publikationen oder im Internet auf schier endlose Listen von Menschen stoßen, die vermeintlich von Legasthenie betroffen sind oder waren. Aus verschiedenen solcher Aufzählungen habe ich hier eine gekürzte Zusammenfassung prominenter Persönlichkeiten zusammengestellt:

Tab. 1:

Literatur	
Hans Christian Andersen	*Schriftsteller und Poet*
Agatha Christie	*Kriminal-Autorin*
Gustave Flaubert	*Schriftsteller*
Francis Scott Fitzgerald	*Schriftsteller*
Ernest Hemingway	*Schriftsteller, Nobelpreisträger*
John Irving	*Schriftsteller*
Edgar Allen Poe	*Kriminal-Autor*
George Bernard Shaw	*Schriftsteller*
Jules Verne	*Autor von Zukunftsromanen*

1 Einführung

Tab. 1: – Fortsetzung

Film – Bühne – TV	
Fred Astaire	*Tänzer, Schauspieler*
Harry Belafonte	*Musiker und Sänger*
Enrico Caruso	*Sänger*
Cherilyn Sarkisian (»Cher«)	*Sängerin, Schauspielerin*
Tom Cruise	*Schauspieler*
Jürgen Fliege	*Pfarrer und TV-Moderator*
Zsa Zsa Gabor	*Schauspielerin*
Whoopi Goldberg	*Schauspielerin*
Dustin Hoffmann	*Schauspieler*
Anthony Hopkins	*Schauspieler*
Alfred Hitchcock	*Regisseur*
Cherno Jobatay	*TV-Moderator*
Jack Nicholson	*Schauspieler*
Jamie Oliver	*britischer TV-Koch*
Steven Spielberg	*Filmregisseur*
Quentin Tarantino	*Regisseur*
Musik	
Ludwig van Beethoven	*Komponist*
Michael Jackson	*Pop-Sänger und Songschreiber*
John Lennon	*Mitbegründer der Beatles*
Wolfgang Amadeus Mozart	*Komponist*
Franz Schubert	*Komponist*
Richard Strauss	*Komponist*
Robbie Williams	*Sänger*

Tab. 1: – Fortsetzung

Wissenschaft und Innovation	
Alexander Graham Bell	*Erfinder des Telefons*
Charles Darwin	*Naturforscher*
Paul Ehrlich	*Mediziner, Nobelpreisträger*
Thomas A. Edison	*Erfinder der Glühbirne*
Albert Einstein	*Physiker, Nobelpreisträger*
Michael Faraday	*Naturforscher*
Galileo Galilei	*Universalgelehrter*
Steven Hawkins	*Physiker*
Louis Pasteur	*Chemiker, Nobelpreisträger*
Gebrüder Wright	*Flugzeugingenieure*
Firmengründung und Unternehmensleitung	
Frank Ansbeck	*Gründer der SolarWorld AG*
Richard Branson	*Gründer Virgin Airlines*
Waren Buffet	*Investor*
Walt Disney	*Zeichner und Filmproduzent*
Henry Ford	*Ingenieur*
Bill Hewlett	*IT-Experte*
Steve Jobs	*Mitbegründer Apple*
Ingvar Kamprad	*Gründer IKEA*
Ferdinand Piëch	*Vorstand VW, Audi, Porsche*
Anita Roddick	*Gründerin von »The Body Shop«*
Ernst Rowohlt	*Verleger*
Mark Zuckerberg	*Gründer von Facebook*

1 Einführung

Tab. 1: – Fortsetzung

Politik und Staatsführung	
Georg W. Bush	Präsident der USA
Napoleon Bonaparte	Militär und späterer Kaiser
Winston Churchill	Regierungschef
Dwight D. Eisenhower	Präsident der USA
Benjamin Franklin	Mitbegründer der USA
Andrew Jackson	Präsident der USA
John F. Kennedy	Präsident der USA
Robert Kennedy	Politiker, US-Senator
Francois Mitterrand	franz. Staatspräsident
Bodo Ramelow	Politiker, Ministerpräsident
Nelson Rockefeller	Politiker, Vizepräsident
Franklin D. Roosevelt	Präsident der USA
Adel	
Prinz Charles	englischer Thronfolger
Constantin	König in Griechenland
Prinz Harry	Sohn von Prinz Charles
Carl Gustaf	König von Schweden
Beatrice Mountbatten-Windsor	Princess of York
Victoria von Schweden	schwedische Kronprinzessin
Kunst	
Salvador Dali	Maler und Bildhauer
Vincent van Gogh	Maler
Michelangelo	Maler und Universalgenie

Tab. 1: – Fortsetzung

Kunst	
Pablo Picasso	*Maler und Bildhauer*
Leonardo da Vinci	*Künstler und Universalgenie*

Sport	
Lewis Hamilton	*Rennfahrer*
Earvin »Magic« Johnson	*Basketballspieler*
Diego Maradona	*Fußballer*
Sir Steven Redgrave	*Olympia-Ruderer*
Jackie Stewart	*Rennfahrer*

Was diese eindrucksvolle Auflistung der genannten Berühmtheiten betrifft, so kann ich natürlich nicht wirklich dafür garantieren, dass es sich hier wirklich bei allen Genannten um Menschen handelt, die zweifelsfrei und sämtlich von Legasthenie betroffen sind oder waren.

Erfahrungsgemäß werden solche, in Publikationen und vor allem im Internet kursierenden Aufzählungen voneinander abgeschrieben. Aber weder Leonardo da Vinci noch Galileo Galilei oder andere dieser VIPs konnten mit heutigen Diagnoseverfahren getestet werden. Und schließlich lebten viele dieser Menschen, wie etwa auch Mozart oder Goethe, in Epochen, in denen Rechtschreibung eher eine individuelle oder zumindest regionale Angelegenheit war und längst noch kein allgemeingültiger Standard. Erst gegen Ende des 19. Jahrhunderts entstand bekanntlich im deutschsprachigen Raum mit dem Werk des Konrad Duden die Grundlage einer verbindlichen Rechtschreibung.

Dass jedoch bei vielen der gelisteten Prominenten tatsächlich eine Legasthenie vorlag, ist durch zahlreiche glaubwürdige (auto-)biografische Aussagen oder persönliche Statements faktisch belegbar.

1 Einführung

Bei anderen Kandidaten dagegen liegen zwar keine sicheren Belege vor, etwa bei Albert Einstein. Immerhin hat aber Einstein selbst darauf verwiesen, dass er erst im Alter von drei Jahren zu sprechen begann – ein Tatbestand, der häufig mit Legasthenie korreliert –, und merkte darüber hinaus an: »Meine größte Schwäche war vor allem ein schlechtes Gedächtnis für Texte und Wörter.« Der amerikanische Neurowissenschaftler Normen Geschwind schloss aus diesen Aussagen sowie aus Ergebnissen der pathologischen Untersuchungen von dessen Gehirn, dass Einstein unter Legasthenie litt (Wolf 2010).

Dessen ungeachtet sind bisher keine direkten und eindeutige Beweise publiziert, die sich aus Einsteins zahlreichen handschriftlichen Aufzeichnungen theoretisch leicht herbeiführen ließen. Es scheint, als wäre es trotz mangelnder zweifelsfreier Belege einfach zu verlockend, mit Albert Einstein als Galionsfigur einen perfekten Beleg für die Verknüpfung von Legasthenie und Intelligenz vorhalten zu können. Keine Frage: Einstein war ein Genie und ist weltweit populär. Ist aber seine Person wirklich unverzichtbar, nur um zu belegen, dass Legasthenie kein Anzeichen ist von Dummheit?

Unabhängig von einer umfassenden und validen Einzelfallprüfung aller gelisteten Personen darf jedoch festgestellt werden, dass in der Tat viele kluge und erfolgreiche Menschen zu den Betroffenen gehören. Zahlreiche Erfinder und Unternehmer, Schriftsteller, Könige und sogar Nobelpreisträger haben nachweislich gelernt, erfolgreich mit ihrer Legasthenie zu leben.

Begrüßenswert ist ohnehin, dass sich zunehmend betroffene Menschen offen zu ihrer Legasthenie bekennen. So haben beispielsweise der britische Fernsehkoch Jamie Oliver (Warter 2017) oder die schwedische Kronprinzessin Victoria ihre Erfahrungen in den Medien offenbart (Gamillscheg 2002).

Im Fall der schwedischen Königsfamilie betraf dieses Outing immerhin ein ganzes Adelsgeschlecht. Schließlich war der Vater von Prinzessin Victoria, König Karl Gustav, ebenso wie zwei ihrer Geschwister von diesem Handikap betroffen. Denn Legasthenie ist –

wie man heute begründbar annimmt – mit einer genetischen Veranlagung verbunden (vgl. Abschnitt »Ursachen«).

In Deutschland hat sich beispielsweise der derzeitige thüringische Ministerpräsident Bodo Ramelow im Fernsehen (Wolfsgruber 2019) und in der Wochenzeitschrift »DIE ZEIT« zu seiner Legasthenie bekannt (Machowecz 2021). So ist greifbar und exemplarisch belegt, dass man es trotz einer Legasthenie durchaus auch zum Regierungschef bringen kann.

Wer selbst von Legasthenie betroffen ist, wird die beeindruckende Auflistung bekannter Persönlichkeiten jedenfalls gerne zur Kenntnis nehmen und wie die Fan-Gemeinde eines englischen Fußballklubs laut oder im Stillen anstimmen können: »You'll never walk alone!« oder – frei übersetzt – auf gut Deutsch: »Du gehst diesen Weg niemals allein!«

Wer selbst nicht betroffen ist, wird sich vielleicht mit einer solchen Liste davon überzeugen lassen, dass Legasthenie keineswegs ein Beweis ist für die vermeintliche Dummheit oder das generelle Unvermögen von Menschen, die Probleme beim Schreiben und/ oder Lesen haben. Ganz im Gegenteil!

Letzteres ist wahrlich nicht selbstverständlich. Auf den Vorbehalt, Menschen mit Legasthenie seien schlichtweg dumm, stoßen nicht nur Betroffene. Selbst meine Schwester – zeitlebens selbst ohne Anzeichen einer Legasthenie – durfte während ihres Psychologiestudiums noch Anfang der Achtzigerjahre an der Universität zu Köln aus dem Munde eines angesehenen Lehrstuhlinhabers für Diagnostik und forensische Psychologie erfahren: »Früher sagte man: ›Das Kind ist dumm!‹. Heute nennt man sie Legastheniker.« Wie man sieht, macht echte Dummheit und eine solide fachliche Ignoranz auch vor Universitätsprofessoren nicht zwangsläufig halt.

Dies ist auch deshalb unverständlich und zeugt von Ahnungslosigkeit, weil man es zumal als Wissenschaftler um das Jahr 1980 hätte besser wissen müssen. Aus Neurologie und Psychologie verfügte man seinerzeit bereits über hinreichende Daten und Fakten, die Beleg waren für die Widerlegung des Vorurteils, Menschen mit Legasthenie oder LRS seien einfach nur dumm oder unfähig.

1 Einführung

In Wirklichkeit ist das genaue Gegenteil bewiesen: Von den Sechzigerjahren bis heute wird Legasthenie häufig als ein sogenanntes Korrelationsphänomen definiert. Demnach bedeutet Legasthenie, dass Menschen mit einer durchschnittlichen oder überdurchschnittlichen Intelligenz in der Rechtschreibung und/oder beim Lesen im Vergleich zu ihrer jeweiligen Altersgruppe überdurchschnittlich viele Fehler unterlaufen.

Mit der definitorischen Verknüpfung einer hohen Fehlerquote beim Schreiben und Lesen und andererseits einer (über-)durchschnittlichen Intelligenz wollte man Menschen mit »echter« Legasthenie von bildungsschwachen Menschen, (partiellen) Analphabeten oder Menschen mit einer allgemeinen Lese-Rechtschreib-Schwäche grundsätzlich abgrenzen.

Wer selbst betroffen ist und lernen muss, mit Legasthenie oder einer Lese-Rechtschreib-Störung Schule, Beruf und Leben zu meistern, wird dennoch mit höchster Wahrscheinlichkeit mit Vorbehalten, Vorurteilen oder Ausgrenzung konfrontiert werden. Auch davon zeugen die biografischen Fakten und die persönlichen Erinnerungen prominenter und darüber hinaus viel mehr nicht-prominenter, »normaler« Menschen mit Legasthenie. Und so würde mich wirklich überraschen, wenn dies bei Kindern und Jugendlichen grundsätzlich anders wäre, die sich heutzutage mit ihrer Legasthenie in der Schule und im Leben behaupten müssen.

Wie belastend und ausgrenzend die Diagnose Legasthenie für betroffene Kinder sein kann, schildert eindrücklich das folgende Beispiel. Es ist der persönliche Rückblick eines Mädchens aus dem vierten Schuljahr auf ihre Grundschulzeit (Scheerer-Neumann 2015, S. 12):

Als wir hier hingezogen sind, kamm ich in die 3. klase. Ale heben gejubelt und wollten neben mir sitzen ich kamm neben Tanja meine erste Freundin. Nachdem ein paar Wochen vergangen waren wollte keiner mer neben mir sitzen sie haben alle gesagt ich sei doof und behindert. Ich habe nie was dafon gesagt aber dan wurt es immer schlemer ich sagte es Herr Schulte aber unternam nie was bis ich keine lust mehr hatte und nichts unternommen habe. aber dann haben wir einen Brief bekommen das ich zurrukgestellt werte. Alle waren trauchich weil sie keinen mer zum ergern haten. Aber ich war vro.

1 Einführung

Fazit dieser berührenden Schilderung aus Kindermund: Auch fast genau 100 Jahre nach der Schöpfung des Begriffs und der Diagnose Legasthenie durch den ungarischen Arzt und Wissenschaftler Pál Ranschburg scheint noch kein Durchbruch erzielt im allgemeinen Verständnis und einer wirklichen Integration der Betroffenen.
Eben dem möchte dieses Buch abhelfen. Seine Ziele bestehen darin:

- einer breiteren Zielgruppe kurzweilige und verständliche Informationen zu liefern rund um das Thema Legasthenie oder LRS und deren Bewältigung. Als Adressaten verstehe ich Betroffene, Angehörige, Lehrer, Sprachtherapeuten, Psychologen, aber auch Multiplikatoren in Medien oder (Bildungs-)Politik
- Betroffenen und deren Angehörigen Mut zu machen und zu zeigen, dass sie trotz Legasthenie ein erfolgreiches und erfülltes Leben führen können.

Insbesondere aus dem erstgenannten Grund ist dies kein klassisches Fachbuch oder gar eine wissenschaftlich angelegte Publikation. Auch wenn es wissenschaftliche Erkenntnisse aufgreift und Quellen hierfür belegt, soll mit diesem Buch nicht der Anspruch erhoben werden, das Phänomen Legasthenie vollumfänglich oder gar wissenschaftlich präzise darzustellen.
Entscheidend ist vielmehr, das zu beschreiben, was man heute schon fast umgangssprachlich Resilienz nennt. Der aus Technik und Physik stammende Begriff Resilienz beschreibt die Fähigkeit – in diesem Fall von Menschen –, trotz widriger Umstände und von außen einwirkender Störkräfte zu seinem »gesunden« Zustand zurückzukehren und ein gesundes und weitestgehend selbstbestimmtes Leben zu führen. Genau dies ist schließlich das Ziel, wenn Menschen von Beeinträchtigungen wie einer Legasthenie betroffen sind.
Das Leben ist ein Spiel. Und es will gelebt und genossen werden, auch wenn die Karten, die den Menschen mit Legasthenie zugeteilt wurden, möglicherweise nicht die allerbesten waren. Aber

1 Einführung

auch mit nicht optimalen Karten lässt es sich spielen. Oder, um es mit Erich Kästner noch treffender zu sagen:

Auch aus Steinen, die dir in den Weg gelegt werden, kannst du etwas Schönes bauen.

Wenn sich die geneigte Leserin oder der ein oder andere Leser von dieser Sichtweise und dem dahinterstehenden Optimismus anstecken ließe, so würde mich das jedenfalls freuen.

Berlin, im Herbst 2021

Reinhold Haller

2

Diagnose Legasthenie und LRS

2.1 Definition

Erste Beschreibungen der Symptomatik einer Legasthenie wurden bereits im 19. Jahrhundert durch britische Augenärzte als »kongenitale Wortblindheit« beschrieben (Morgan 1896). Der eigentliche Begriff Legasthenie wird jedoch dem Psychiater Pál Ranschburg (1870–1945) zugeschrieben, einem ungarischen Arzt und Wissenschaftler. 1916 erschien dazu seine Publikation: »Die Leseschwäche (Legasthenie) und Rechenschwäche (Arithmasthenie) der Schulkinder im Lichte des Experiments« (Ranschburg 1916).

Der Begriff Legasthenie ist eine Wortschöpfung aus dem lateinischen »legere« (lesen) und dem altgriechischen Wort »asthéneia«

2 Diagnose Legasthenie und LRS

(Schwäche). Im Englischen und Französischen findet der Begriff keine Verwendung, hier spricht von einer Dyslexie (engl. dyslexia). Dieser Begriff wird hergeleitet von altgriechisch »dys« (schlecht) und »léxis« (Sprache) und beschreibt das reduzierte Sprachvermögen. Im Deutschen wiederum wird Dyslexie etwas anders verstanden als eine primär erworbene Störung vorwiegend der schriftlichen und/oder sprachlichen Fähigkeiten, etwa durch hirnorganische Beeinträchtigungen nach Unfällen oder Erkrankungen.

Hinter all den babylonischen Puzzleteilen aus toten und lebendigen Sprachen verbirgt sich somit nichts anderes als eine spezielle Lese-Rechtschreib-Störung, kurz LRS.

Damit aber nicht genug: Wir lebten nicht im präzisionssüchtigen Deutschland, wenn es nicht auch um solche Begriffe eine ständige Diskussion gäbe; so auch in der Legasthenie-Forschung. Einige Autoren verwenden die Begriffe Legasthenie und LRS synonym. Andere dagegen meinen, LRS habe – anders als die »echte« Legasthenie – häufig andere Ursachen und sei deshalb viel allgemeiner gefasst als Legasthenie. Schließlich können die Gründe für eine allgemeinere LRS auch durch einen schlechten Unterricht, bildungsferne Herkunftsfamilien, Defizite im Sehen und Hören sowie durch neurologische oder psychiatrische Beeinträchtigungen verursacht sein. In der Forschung wird deshalb auch weiter differenziert mit dem Begriff der Rechtschreib-Schwäche, welche eher auf eine unzureichende Leistung zurückgeführt wird als auf das basale Schrift- und Sprach-Vermögen.

Immerhin hat die Weltgesundheitsorganisation (WHO) in ihrer »Internationalen statistischen Klassifikation der Krankheiten und verwandter Gesundheitsprobleme« (kurz: ICD-10) Legasthenie als spezifische Störung beschrieben (ICD-10-GM, Version 2021):

F81.0   Lese- und Rechtschreibstörung

Das Hauptmerkmal ist eine umschriebene und bedeutsame Beeinträchtigung in der Entwicklung der Lesefertigkeiten, die nicht allein durch das Entwicklungsalter, Visusprobleme oder unangemessene Beschulung erklärbar ist. Das Leseverständnis, die Fähigkeit, gelesene Worte wieder zu erkennen, vorzulesen, und Leistungen, für welche Lesefähigkeit nötig ist, können sämtlich betroffen sein. Bei umschriebenen Lesestörungen sind Rechtschreibstörungen häufig und persistieren oft bis in die Adoleszenz, auch wenn einige Fortschritte im Lesen gemacht werden. Umschriebenen Entwicklungsstörungen des Lesens gehen Entwicklungsstörungen des Sprechens oder der Sprache voraus. Während der Schulzeit sind begleitende Störungen im emotionalen und Verhaltensbereich häufig.

F81.1 Isolierte Rechtschreibstörung

Es handelt sich um eine Störung, deren Hauptmerkmal in einer umschriebenen und bedeutsamen Beeinträchtigung der Entwicklung von Rechtschreibfertigkeiten besteht, ohne Vorgeschichte einer Lesestörung. Sie ist nicht allein durch ein zu niedriges Intelligenzalter, durch Visusprobleme oder unangemessene Beschulung erklärbar. Die Fähigkeiten, mündlich zu buchstabieren und Wörter korrekt zu schreiben, sind beide betroffen.

Im Zusammenhang mit Legasthenie sprechen Experten analog auch von:

- Lese-Rechtschreib-Störung
- Entwicklungsstörung
- Teilleistungsstörung
- organischem Psychosyndrom oder einer
- minimalen cerebrale Dysfunktion (MCD).

Letzteres beschreibt eine geringfügige hirnorganische Fehl- oder Mangelfunktion, wie sie etwa auch bei ähnlichen Beeinträchtigungen vorkommt; etwa bei:

- Störungen der Feinmotorik
- Rechenschwäche (Dyskalkulie)
- Beeinträchtigung der Wahrnehmung von Gesichtern (Gesichtsblindheit oder in der Fachsprache Prosopagnosie)
- Schwäche der Wahrnehmung und Verarbeitung von Emotionen (Formvarianten des Autismus) oder
- einer Aufmerksamkeitsdefizit-/Hyperaktivitätsstörung (ADHS) u. a. m.

2 Diagnose Legasthenie und LRS

Neben dieser biologisch-medizinischen Debatte um den Begriff Legasthenie und ähnlichen Phänomenen setzt sich eine weitere Diskussion fort unter dem Anspruch politischer Korrektheit. Diese ist zwar gut gemeint, hilft aber den Betroffenen nicht wirklich. So meinen manche Fachautoren, der Begriff »Störung« sei in Bezug auf Menschen oder gar Kinder nicht angebracht. Sie sprechen deshalb von einer spezifischen Lese-Rechtschreib-Schwäche. Andere meinen, die Diagnose MCD (s. o.) sei heutzutage aufgrund unterschiedlicher Entstehungsursachen, weder haltbar noch zeitgemäß.

Ich bleibe ungeachtet der fachlichen und moralischen Diskussion, trotz dieser Detaildifferenzen pragmatisch und verstehe Legasthenie als spezielle Lese-Rechtschreib-*Störung* (LRS) mit einem offenbar auch organischen, psychomotorischen und genetischen Hintergrund. Insofern werde ich in diesem Buch die Begriffe Legasthenie und LRS in der Regel synonym verwenden.

Auch wenn sich eine Lese-Rechtschreib-*Störung* durch ihren organischen Bezug von einer Lese-Rechtschreib-*Schwäche* unterscheiden mag, werde ich diese Unterscheidung hier nicht weiter herausstellen. Schließlich sind die individuellen Nebenwirkungen für viele Betroffene recht ähnlich.

Der Bundesverband Legasthenie und Dyskalkulie geht davon aus, dass in Deutschland vier Prozent der Schüler von einer Legasthenie respektive LRS betroffen sind. Das bedeutet, dass in allein Deutschland etwa 3,3 Millionen Menschen mit Legasthenie leben. Bezieht man Österreich, die Schweiz und andere deutschsprachige Regionen mit ein, wären nach dieser Schätzung, Stand 2021, insgesamt etwa 4 Millionen Betroffene zu verzeichnen. Andere Quellen schwanken unter Bezugnahme auf diverse Studien und verschiedene Diagnoseansätze zwischen einer Häufigkeit zwischen 3 % bis zu 11 % (Galuschka/Schulte-Körne 2016).

2.2 Ursachen

Wie nicht selten im medizinischen Umfeld bleibt bezüglich der Entstehung einer Legasthenie noch ausreichend Anlass und Stoff für vertiefte neurologische und psychologische Forschung. Doch auch wenn heute noch längst nicht alle Fragen beantwortet sind, haben ausgerechnet zwei von Legasthenie betroffene Menschen – wenn auch auf sehr unterschiedlichen Wegen – dazu beigetragen, Legasthenie und ihre Ursachen besser zu verstehen.

Einen wichtigen Beitrag hat der Mediziner, Humangenetiker und Universitätsprofessor Tiemo Grimm geleistet, der selbst von Legasthenie betroffen ist. Grimm und Kollegen konnten durch genetische Untersuchungen der eigenen Familie über mehrere Generationen präzise belegen, dass – wie schon früher angenommen – Legasthenie genetisch bedingt und somit vererbbar ist (Grimm 2011). Der Forscher selbst hat sechs Kinder, von denen drei eine Legasthenie entwickelten (Gartner 2006). Ähnliches ist – wie bereits erwähnt – aus dem schwedischen Königshaus bekannt. Hier sind über Generationen gehäufte Fälle von LRS bekannt, die in Schweden als »ordblindhet« (Wortblindheit) oder auch Dyslexie bezeichnet wird und hier erst 1990 als Handikap anerkannt wurde (Gamillscheg 2002).

Ein weiterer wichtiger – wenn auch unfreiwilliger Beitrag – wurde von einem anderen von Legasthenie betroffenen Menschen geliefert: Ein 32-Jähriger in Norddeutschland aufgewachsener junger Mann hatte es in den Achtzigerjahren trotz seiner Legasthenie über den Umweg Hauptschule bis zu einem Maschinenbaustudium gebracht. Kurz bevor jedoch die Professoren und Angehörigen ihm zu seinem mit Bravour bestandenen Examen gratulieren konnten, wurde er tot auf seinem Bett gefunden. Da seine Mutter an einen zunächst vermutenden Selbstmord nicht glauben wollte, stimmte sie einer Obduktion zu. Hier fand sich tatsächlich eine Hirnblutung als Todesursache, womit der vermeintliche Selbstmord ausgeschlossen werden konnte.

2 Diagnose Legasthenie und LRS

Anschließend wurde das Gehirn des Verstorbenen dem amerikanischen Neurowissenschaftler Albert M. Galaburda von der Harvard Medical School in Boston zu weiteren Untersuchungen überlassen. Galaburda nun entdeckte in Kombination mit den Untersuchungen anderer Gehirne verstorbener Menschen mit Legasthenie auch hier eine hirnorganische Ursache. In einer Region der linken Hirnhemisphäre, genauer gesagt dem sogenannten mittleren *Nucleus geniculatus* im Zwischenhirn (Thalamus), befand sich eine für die Legasthenie offenbar mitverantwortliche Hirnregion. In diesem Areal, in welchem auditive Reize verarbeitet werden, fanden sich schließlich auch bei anderen Menschen mit Legasthenie kleinere Nervenzellen als bei Kontrollpersonen. Dies erklärte nun aus Sicht der Wissenschaftler einen wichtigen Teil der oft zu beobachtenden audiovisuellen Wahrnehmungs- und Verarbeitungsstörungen bei Menschen mit Legasthenie (Gottschling 1994).

Auch wenn diese Erkenntnisse eine Legasthenie nicht vollumfänglich erklären können, lassen sich vor allem folgende Ursachen benennen:

- Probleme bei der *auditiven und visuellen Wahrnehmung* und deren mentaler Verarbeitung (»phonologische Bewusstheit«)
- generelle Schwierigkeiten bei der *Transformation* beziehungsweise *Koordination* von visuellen und sprachlichen Informationen.

Interessant sind im Kontext der Diagnose Legasthenie ergänzend folgende Beobachtungen:

- Häufig korreliert Legasthenie mit einer Rechenstörung (Dyskalkulie). Wie auch die Legasthenie ist die Dyskalkulie von der WHO als Entwicklungsstörung anerkannt und wird wie folgt definiert (WHO 2021):

F 81.2 Rechenstörung

Diese Störung besteht in einer umschriebenen Beeinträchtigung von Rechenfertigkeiten, die nicht allein durch eine allgemeine Intelligenzminderung oder eine unangemessene Beschulung erklärbar ist. Das Defizit betrifft vor allem die Beherrschung grundlegender Rechenfertigkeiten, wie Addition, Subtraktion, Multiplikation und Division, weniger die höheren mathematischen Fertigkeiten, die für Algebra, Trigonometrie, Geometrie oder Differential- und Integralrechnung benötigt werden.

- Jungen sind je nach Erhebungsmethodik zwei- bis dreimal häufiger betroffen als Mädchen (Scheerer-Neumann 2015, S.32-33)
- Legasthenie oder Dyslexie (s. o.) tritt in allen Kulturen und Sprachen auf. In relativ phonetischen Sprachen wie Finnisch oder Deutsch, in welchen die Aussprache meist eindeutiger ist, treten LRS-Probleme seltener auf als in Sprachen wie etwa der englischen, französischen oder dänischen Sprache (Seymour et al. 2003). Interessant ist darüber hinaus, dass Legasthenie selbst in Ländern mit Schriftzeichen wie etwa China beschrieben wird (Ho, Bryant 1997)
- Neben den bereits genannten Forschungsarbeiten von Grimm (s. o.) belegen viele andere Studien, dass Legasthenie genetisch disponiert ist. Hierbei wurden mittlerweile sogar unterschiedliche Genorte gefunden. Die Untersuchungen zeigen, dass Legasthenie familiär gehäuft auftritt und dass ein entsprechendes Risiko für ein Geschwisterkind 3,5-fach erhöht ist (Gerd Schulte-Körne 2006). Bei eineiigen Zwillingen etwa liegt die Wahrscheinlichkeit, dass beide Geschwister eine Legasthenie entwickeln, bei fast 70 % und bei zweieiigen Zwillingen bei 40 % (Scheerer-Neumann 2015, S. 34).

Noch ist die Wissenschaft weit davon entfernt, Legasthenie oder die LRS eindeutig beschreiben und erklären zu können. Insofern kann man nach dem heutigen Stand der Wissenschaft eine Mischung aus den folgenden Komponenten annehmen:

1. Wahrnehmung und zerebrale Verarbeitung von visuellen Informationen
2. Wahrnehmung und zerebrale Verarbeitung von akustischen Informationen

3. Informationsverarbeitung im Systemkomplex Gedächtnis, Aufmerksamkeit und Intelligenz
4. genetische Disposition für die Ursachen 1. und 2.

2.3 Symptome und Formvarianten

Legasthenie oder auch die LRS haben in der Regel zwei Symptombereiche: Das Schreiben und das Lesen.

Merkmale beim Lesen

- langsames und/oder stockendes Lesen
- Vertauschen, Auslassung oder Hinzufügen von Wörtern, Silben oder Buchstaben
- Verlust des Fokus der Textzeile
- Schwierigkeiten beim Lesen von Um- oder Doppellauten

Erkennungszeichen beim Schreiben

- zahlreiche Fehler bei Diktaten
- häufige Fehler selbst in abgeschriebenen Texten
- Fehler in Grammatik und Zeichensetzung
- unsaubere, undeutliche Handschrift
- unterschiedlicher Schreibweise von Buchstaben eines Textes.

Alle diese Symptome können sowohl gemeinsam als auch getrennt voneinander auftreten. Einige Menschen mit Legasthenie haben eher Probleme beim Lesen, andere dagegen lesen relativ flüssig mit guter, klarer Aussprache, haben aber deutliche Schwierigkeiten mit der Rechtschreibung. Hierbei wiederum reichen die Formvarianten von gut lesbaren, aber mit überdurchschnittlich vielen Schreibfehlern versehenen Texten bis hin zu kaum lesbaren Nie-

2.3 Symptome und Formvarianten

derschriften mit zahlreichen Wortverstümmelungen. Es gibt also sehr unterschiedliche und individuelle Ausprägungen der Legasthenie.

Verbunden mit Legasthenie sind bei Kindern häufig Begleitfaktoren zu beobachten, wie etwa:

* Sprachentwicklungsstörungen
* Dyskalkulie (Probleme beim Rechnen oder beim Schreiben von Zahlen)
* psychische Auffälligkeiten (s. u.).

Zu den unterschiedlichen Merkmalen hier einige Beispiele: Sie zeigen unterschiedliche Fehlervarianten der Schreibung von Kindern aus der Mitte des dritten Schuljahres (nach: May 2002):

Tab. 2: Varianten der Rechtschreibsymptome bei Legasthenie

1	2	3
Mädchen mit geringer Legasthenie-/LRS- Symptomatik	**Junge** mit deutlicher Legasthenie-/LRS- Symptomatik	**Junge** mit starker Legasthenie-/LRS- Symptomatik
Zähne	Zäne	zene
Farad	Farat	farat
Schnecke	Schneke	neke
Postkarte	Postkate	Potkat
Räuber	Reuber	reuer

2.4 Auswirkungen auf Schule, Familie und Lebensführung

Hat ein legasthenisches Kind Probleme mit dem Lesen und Schreiben, so hat dies unweigerlich Auswirkungen auch auf verschiedene Schulfächer und nicht nur auf die jeweilige Muttersprache. Annähernd alle Schulfächer sind vom geschriebenen Wort abhängig und erfordern entsprechendes Lesen, Vorlesen oder Textverständnis. Dies gilt für Textaufgaben oder die Nutzung von Schulbüchern ebenso wie schriftliche Ausarbeitungen, die wiederum mit Lese- und Schreibkompetenzen verbunden sind. Als Beispiele sind u. a. die Mathematik mit den damit verbundenen Textaufgaben, naturwissenschaftliche Fächer oder – noch dominanter – Fremdsprachen zu nennen.

Dies bedeutet, dass Schwierigkeiten beim Lesen und Schreiben häufig Probleme oder Misserfolge in anderen Schulfächern nach sich ziehen, in denen die betroffenen Kinder möglicherweise Begabungen haben, sie aber nicht in Gänze entfalten können.

Nicht selten führen – wie bereits angedeutet – die Nebenerscheinungen der Legasthenie sowie assoziierte Probleme darüber hinaus zu psychosozialen Folgewirkungen, die weit über die Schule hinausgehen:

- Schwierigkeiten beim Lesen und Schreiben machen häufige Lese- und Schreibübungen notwendig und verlängern oftmals die Erledigung der verschiedenen Hausaufgaben. Folge: Kinder und Jugendliche mit Legasthenie haben häufig weniger echte Freizeit als ihre Altersgenossen.
- Schulische Anforderungen und damit verbundene Misserfolge verunsichern und schwächen das Selbstwertgefühl, wenn Schulhefte zahlreiche Fehler dokumentieren oder wenn sich Lese- und Rechtschreibprobleme in schlechten Leitungsbeurteilungen oder Schulnoten niederschlagen.

2.4 Auswirkungen auf Schule, Familie und Lebensführung

- Dies wiederum verringert die Lernmotivation und die Unvoreingenommenheit oder gar Freude am Lernen.
- Sichtbare Probleme beim Lesen und Schreiben führen zur Ausgrenzung im Klassenverband (siehe das zitierte Beispiel eines Kindes in Abschnitt Einführung (Kapitel 1).
- Gleiches gilt für ggf. auftretende Spannungen in der Familie, etwa durch übertriebene Lese- und Schreibübungen der Eltern oder durch Hänseleien unter den Geschwistern. Dies vielleicht auch deshalb, weil Kinder mit Legasthenie durch Übungen, Kontrollen oder Hilfestellungen ggf. durch ihre Eltern mehr Zuwendung erfahren als deren Geschwisterkinder.
- Beständige Misserfolge und Versagensängste können emotionalen Stress, Aggressionen, Unlust, Schulangst oder psychosomatische Beschwerden nach sich ziehen.
- So stellen Experten fest, dass Legasthenie häufiger assoziiert ist mit einer Aufmerksamkeitsdefizit/Hyperaktivitätsstörung, kurz ADHS (August & Garfinkel 1990). Hierfür werden u. a. verschiedene situations- und stress-assoziierte Einflüsse vermutet, welche sich sozusagen als indirekte »Nebenwirkungen« der Legasthenie entfalten können.

Diese Nebenwirkungen der Legasthenie gehen jedoch weit über das Kindes- und Jugendalter hinaus. Die Wissenschaftler Schulte-Körne und Remschmidt merken dazu an (Schulte-Körne & Remschmidt 2003 S. 397):

> »Die immer noch häufig vertretene Meinung, dass sich die LRS »auswachse« und dass sich mit Einsetzen der Pubertät die Schwierigkeiten deutlich verringern, kann durch Längsschnittstudien nicht bestätigt werden, die Schwierigkeiten im Lesen und Rechtschreiben sind insofern sehr entwicklungsstabil.«

In Längsschnittstudien zeigt sich zudem folgendes:

- Einige Autoren konstatieren, dass Legasthenie in der Folge bei 40 % der betroffenen Kinder und Jugendlichen zu einer psychischen Erkrankung führt (Grimm 2006, Schmidt 1994).

2 Diagnose Legasthenie und LRS

- Kinder und Jugendliche mit Legasthenie erreichen häufig durch ihre Einschränkungen einen schlechteren Schulabschluss als die Kontrollgruppe (Esser 2002).
- Betroffene erreichen im Gegensatz zu ihren kognitiven Fähigkeiten und im Vergleich mit ihrer Altersgruppe ein deutlich niedrigeres Berufsausbildungsniveau (Strehlow 1992).
- Als langfristige Folge ist die Arbeitslosigkeit der Betroffenen gegenüber der Normalbevölkerung erhöht (Esser 2002).
- Die Ergebnisse einer Langzeitstudie zeigen, dass im Vergleich mit der Normalgruppe weitaus mehr Menschen mit einer Legasthenie straffällig werden (Schmidt 1994).

Legasthenie bedeutet für die Betroffenen und deren Familien folglich weit mehr als eine isolierte Schwäche im Schreiben und Lesen. Und viele dieser Folgen entstehen deshalb, weil:

- Legasthenie als eine spezielle Form von LRS häufig noch immer zu spät oder gar viel zu spät erkannt wird
- geeignete Maßnahmen zur Unterstützung und Hilfestellung unterbleiben oder lückenhaft sind
- das gesellschaftliche Umfeld vielfach mit Unwissen und damit in der Folge mit Unverständnis reagiert, etwa in der Schule, im Freundes- oder Familienkreis sowie in der beruflichen oder akademischen Ausbildung.

Um ein Beispiel zu geben, wie sich diese verschiedenen Auswirkungen einer Legasthenie im wahren Leben darstellen und anfühlen können, seien im Folgenden meine persönlichen Erfahrungen beschrieben.

3

(M)ein Leben mit Legasthenie

3.1 Alles in Butter: Eine (fast) normale Kindheit

Im Jahre 1955 wurde ich zwischen Weihnachten und dem Jahreswechsel in Köln geboren. Eine Zeit also, die noch gut als Nachkriegszeit bezeichnet werden kann. Die Zeiten der Entbehrung gingen zu ende, und Deutschland stand am Anfang dessen, was sich als Wirtschaftswunder abzuzeichnen begann.

Meine Mutter hatte durch die Kriegs- und Nachkriegswirren und die damit verbundene Arbeitslosigkeit meines Großvaters ihr Medizinstudium nach dem bereits erfolgreich abgelegten Physikum abbrechen müssen. Sie arbeitete bis zur Geburt meines älteren Bruders als Sprechstundenhilfe bei einem Gynäkologen. Mein

Vater musste seinen Wunsch, Innenarchitekt zu werden, aufgeben. Nach dem Krieg brauchte es schließlich Menschen am Bau und keine Innenarchitekten. Nach einer Maurerlehre begann er dennoch als Quereinsteiger seine Ausbildung als Jugend- und Wohlfahrtspfleger und arbeitete anschließend – äquivalent einem heutigen Sozialarbeiter – im Bereich der Jugendhilfe bei der Caritas. 1953 heirateten meine Eltern und freuten sich kurz danach über das erste Kind. Nach meinem zwei Jahre älteren Bruder war ich dann das zweite Kind, dem später noch weitere sechs Geschwister folgen sollten.

Wenn auch die von Kälte und Hunger gekennzeichneten Zeiten der ersten Nachkriegsjahre vorbei waren, so ließ doch in unserer Familie der Wohlstand noch etwas länger auf sich warten. Bis zu meinem sechsten Lebensjahr wohnten wir – wenn auch im gutbürgerlichen Kölner Stadtteil Lindenthal – in einer Zwei-Zimmer-Dachgeschosswohnung. Praktisch bedeutete dies für meine Eltern auf etwa 46 qm mit zwei Erwachsenen und später dann bereits fünf Kindern das Leben zu jonglieren.

Ich erinnere mich einerseits gerne an diese Zeit in unserer behaglichen Enge. Andererseits ist mir selbst heute noch präsent, wie sehr ich mich in diesen frühen Jahren eingesperrt fühlte. Während mein älterer Bruder schon in die nahegelegene Schule ging und selbstverständlich seine Klassenkameraden in deren Zuhause besuchte, war ich in meinem Bewegungsdrang eingeschränkt. Anders als mein älterer Bruder war ich angewiesen auf gemeinsame Spaziergänge oder die später folgenden stundenweisen Aufenthalte im Kindergarten, wo ich mich etwas freier bewegen konnte.

In meinem sechsten Lebensjahr hatte dieser relative Freiheitsentzug dann ein sehnlich erhofftes Ende: Unsere Familie bezog 1961 das erste eigene Haus – oder besser Häuschen. Auch wenn wir vier Jungen uns ein gemeinsames Spiel- und Schlafzimmer teilen mussten, so war dies doch groß und hell und jeder hatte erstmals zumindest einen eigenen kleinen Schrank für die persönlichen Schätze und Geheimnisse.

3.1 Alles in Butter: Eine (fast) normale Kindheit

In dem typischen Neubauviertel eines Kölner Vorortes lag unser Häuschen in einer ruhigen Einbahnstraße, in der zahlreiche andere Kinder aus der Nachbarschaft darauf warteten, Freundschaften zu knüpfen und gemeinsam auf der Straße, bei gegenseitigen Besuchen oder im nahegelegenen Park zu spielen. Das benachbarte verwilderte Brach- oder Bauland wurde von uns liebevoll »das Feld« genannt. Dieses Gelände oder die gern besuchten, wenn auch für uns eigentlich verbotenen Baustellen der sich vergrößernden Siedlung luden ein zum Versteckspiel, Schatzsuchen oder anderen Spielen. Es war nach der Beengtheit der alten Mansardenwohnung eine herrliche Zeit.

Sieben Jahre sollten wir hier als Familie verbringen, bis mit dem achten und letzten Geschwisterkind unser Haus zu klein und eng wurde. Neben der Enge verlangte auch die altertümliche Kohleheizung nach Modernisierung, da sie meine Eltern schon morgens gegen 05:30h zum Heizen in den Keller zwang.

Mit etwas Furcht, aber auch Neugierde sah ich dann ein Jahr nach unserem Umzug der Einschulung entgegen. Die Schule war fußläufig gut erreichbar und führte damals durch ruhige Straßen. Auf dem Weg konnte man vielleicht ein paar einzelne Autos sehen und bewundern, alles war weitläufig und grün. Heute dagegen ist diese Gegend mit den dort typischen Ein- oder Zweifamilienhäusern wie viele Vorortgegenden in Deutschland weitgehend versiegelt und mit allgegenwärtigen Autos zugeparkt.

Apropos Auto: Unsere Familie sollte damals noch fünf Jahre auf den ersten Kombi als Gebrauchtwagen warten, mit dem unsere Großeinkäufe, Ausflüge und Urlaubsreisen dann um ein Vielfaches einfacher wurden. Bis dahin mussten die samstäglichen Einkäufe mit dem dafür umfunktionierten Kinderwagen erledigt werden.

Der Besuch der Schule selbst war nicht unbedingt verlockend oder etwas, auf das ich mich wirklich gefreut hätte. Aber sie war immerhin kurzweilig. Ordnung und Regeln waren strenger als zu Hause und zudem ungewohnt. Vor Unterrichtsbeginn und nach den Pausen stellten sich Schülerinnen und Schüler brav in Reihen auf und warteten nach dem Schrillen der Pausenklingel auf das

Einlasssignal des aufsichtführenden Lehrers. In der Klasse dann stand man auf, wenn eine Lehrperson den Klassenraum betrat, und begrüßte im Chor Frau Müller, Herrn Schmitz oder damals noch das »Fräulein« Sommer, wenn eben diese unverheiratet war. Nach dem zur ersten Stunde unverzichtbaren Morgengebet einer katholischen Grundschule durfte man dann auf Aufforderung an seinem Pult Platz nehmen und der Unterricht begann.

Wenn ich heute noch die Schulhefte aus den ersten beiden Schuljahren durchblättere, die mein Vater für seine Kinder wohlweislich aufgehoben hatte, sehe ich in den Heften des ersten Schuljahres noch keine großen Auffälligkeiten. Neben den üblichen Abschriften weisen die Schulhefte der ersten Klasse immerhin Beurteilungen auf wie ausreichend, befriedigend und sogar einmal ein »fast gut«. Im zweiten Schuljahr dagegen werden die Kommentare zu den Abschriften dann schon kritischer und appellierend, etwa:

»*Bei zwei Reihen gibst du dir Mühe, dann schon nicht mehr!*«,
»*Sei viel fleißiger!*«,
»*Sehr schlecht geschrieben!*«,
»*Wenn Du willst, kannst Du viel schöner schreiben!*«

In später genutzten Heften folgen dann auch die ersten typischen Schreibfehler, etwa:

»*Das kostbarste Geschenk das Gott den ersten Mechen gegeben hat, war das Gnadenbeben*«.

In der Tat: Die ersten Beben meiner Schullaufbahn machten sich bemerkbar und nahmen an Heftigkeit zu. Zunehmend tauchten dann bei den ersten, noch unbenoteten Diktaten die klassischen Fehler auf. Hierzu ein weiteres Beispiel aus meinem Diktatheft:

»*Hilde liegt im Hran Krankenhaus. Sie hus muß vill ruhn. Denken hat der Arzt ihr nicht verloten. So denkt sie an den Garten daheim. Ob die Schneeglökchen schon blühen? Da öffnet sich leise die Tür [Anmerkung:* »*e*« *fehlt bei* »*Türe*«]. *Die Mutter Kommt und brigt die erzerten Schneeglökchen.*«

3.1 Alles in Butter: Eine (fast) normale Kindheit

Von der zweiten Klasse an wandelten sich die Noten langsam hin zu »ausreichend« und von dort zum permanenten »mangelhaft«. Vollends in der dritten Klasse kam dann immer öfter das am meisten gehasste und gefürchtete »ungenügend« hinzu.

Spaß machte spätestens jetzt die Schule nicht mehr, zumal Zuhause immer mehr Zeit beansprucht wurde durch Diktat- und Leseübungen. Ein beständiges Pflichtprogramm, während dessen ich lieber gespielt, getobt oder in den umliegenden Baustellen nach Arbeitsschluss der Handwerker die leeren Bierflaschen aufgesammelt hätte, um mit dem Pfandgeld mein Taschengeld aufzubessern. Stattdessen hieß es zu üben, sich seinen Misserfolgen zu stellen, eigene Fehler in Texten zu suchen und die in den Diktaten falsch geschrieben Wörter in Reihen jeweils dreimal neu und möglichst richtig zu schreiben. Eine Sisyphusarbeit, bei der es mir immer wieder gelang, neue kreative Wortschöpfungen zu produzieren; wie etwa in meinem Schulheft aus der zweiten Klasse:

viel, vil, viel,
verboten, verboten, verbten,
Schneeglöckchen, Schneeglöckchen, Schneeglockchen.

Kurz: Ich fühlte mich wie ein etwa gleichaltriger Leidensgenosse, der in einem Fachbuch über Legasthenie als späterer Erwachsener zitiert wird (Warnke 2002, S. 26):

»Über Jahre bin ich jeden Tag für Fehler bestraft worden,
die ich nicht sehen kann.«

Aber ich war nicht allein mit meiner Verzweiflung. Auch meine Eltern waren unglücklich, ratlos und verunsichert. Wie passte es zusammen, dass dieser sonst doch durchaus pfiffige, lebhafte, wenn auch schmächtige Junge zu dumm ist, um einfache Wörter dreimal hintereinander in einer Reihe richtig zu schreiben? Ein Zehnjähriger, der anderseits durchaus aufgeweckt, interessiert und so praktisch veranlagt war, dass er bereits mit elf Jahren begann, elektrische Geräte zu reparieren und sich Bücher über Natur und Technik zu Weihnachten wünschte.

Die berufliche Entwicklung meines Vaters machte unterdessen weitere Fortschritte und so hatte er es mittlerweile zum Leiter des Jugendamtes für den Kreis Köln gebracht. Sein Fachwissen als Sozialarbeiter und seine beruflichen Kontakte führten zu dem Entschluss, das Dilemma mit ihrem Sohn nicht nur mit den Lehrern in der Schule zu erörtern, sondern mich schließlich dem Schulpsychologischen Dienst vorzustellen. Von dort kam dann nach verschiedenen Gesprächen, Testungen und sogar nach der Aufzeichnung meiner Gehirnströme (EEG) die Dreifachdiagnose:

- somatisch und hirnorganisch gesund
- Intelligenzquotient (HAWIK) von 123 und damit theoretisch durchaus ausreichend für den erfolgreichen Besuch eines Gymnasiums
- eindeutige Diagnose: Legasthenie.

3.2 Diagnose Legasthenie: Ende der Unbeschwertheit

Die Diagnose brachte einerseits Klarheit, kam aber für mich und meine besorgten und geprüften Eltern zu einem relativ unglücklichen Zeitpunkt. Wie in den meisten (alten) Bundesländern stand nach der vierten Klasse der Wechsel in eine weiterführende Schule an. Wohin aber mit einem mehr rechtschreib- als leseschwachen 10-Jährigen, der im Kontext schriftlicher Arbeiten und Prüfungen rot gefärbte Schulhefte mit nach Hause brachte. Damit verbunden waren Schulnoten, die keine Realschule und erst recht kein Gymnasium zu überschwänglichen Einladungen veranlassen würden.

Und so fügte es sich nahezu als Wunder, dass das Kultusministerium des Landes Nordrhein-Westfalen 1963 die Erlaubnis erteilte, ausgerechnet in Köln eine heilpädagogische Schule für LRS-Kinder einzurichten. Als Modellschule wurde sie von Sonderschuldirektor

3.2 Diagnose Legasthenie: Ende der Unbeschwertheit

Joachim Schmiedeberg gegründet und geleitet. Drei Jahre später betreute man hier bereits etwa 140 Kinder. Anlassgemäß schrieb mein Vater im Frühjahr 1966 an den »sehr geehrten Herrn Rektor«:

»... bezugnehmend auf unser heutiges fernmündliches Gespräch bitte ich darum, unseren Sohn (...) mit dem neuen Schuljahr in Ihre Schule aufzunehmen. (...) Die Umschulung in Ihre Schule wurde uns schon im Sommer letzten Jahres vonseiten der schulpsychologischen Beratungsstelle sehr dringend empfohlen.«

Und so wurde ich in dieser Modelleinrichtung eingeschult als geprüfter Schüler mit staatlich anerkannter und verbriefter Legasthenie an einer neuen Sonderschule speziell für mich und meine Leidensgenossen.

Undenkbar erscheint dies in heutigen Zeiten, in welchen Inklusion und Integration als Anspruch hin und her gewälzt werden, auch wenn echte Inklusion heute sehr viel seltener erreicht als gefordert wird. Eine solche Sonderschule war exakt das Gegenteil von Eingliederung, wenn allerdings durchaus mit einigen Vorzügen: Ich war fortan kein Alien, kein obskurer Sonderling und Außenseiter mehr. Unter Gleichen waren die blinden Flecken kein Thema mehr. Kein »mangelhaft« mehr oder »ungenügend« im Diktatheft und kein peinliches Wegducken bei der Verkündigung der Noten. Stattdessen Normalität des Anormalen; ein ganz entspanntes Leben mit dem bekannten Defizit.

Aber auch dieser Vorzug hatte seinen Preis. Statt in die nahegelegene Grund- und Hauptschule führte jetzt mein Schulweg mit Straßenbahn, Umsteigen und Fußwegen in die Kölner Innenstadt. Die Mitschüler kamen aus allen Winkeln der Stadt zusammen und gingen nach der Schule wieder sternförmig ihrer getrennten Wege. Und so gab es fortan keine Klassenkameraden mehr, mit denen man den Schulweg oder die Freizeit teilte. Schule, Freizeit und Freundschaft waren plötzlich getrennte Bereiche. Der zentrale Lernort in einer deutschen Großstadt führte so einerseits zu einem sicheren Kollektiv, anderseits aber eben auch in die sozial eher ungute Absonderung. Und so begann auch meine partielle und temporäre Isolation.

3 (M)ein Leben mit Legasthenie

Ich zog mich zurück in mein Schneckenhaus, verlor nach und nach den Kontakt zu den gleichaltrigen Kindern in der Straße, die längst auf die umliegenden Gymnasien verteilt waren. Mit so klingenden Namen wie Schiller- oder Apostelgymnasium – das schon der alte Adenauer besuchte – oder Gymnasien, die so huldvolle Namen trugen wie »Hildegard-von-Bingen« oder »Elisabeth-von-Thüringen«. Reinhold ging stattdessen auf eine LRS-Sonderschule und verlor nach ernüchternden Versuchen gänzlich das Interesse, sich mit den anderen zu vergleichen, zu messen oder auch nur in seiner Unzulänglichkeit zu erklären.

In der Tat sind Geschwister untereinander bekanntlich eine verschworene Gemeinschaft, aber jedenfalls keine Ansammlung von Ladies oder Gentlemen. Und wenn dann unter den älteren Geschwistern im Streit und in der Konfrontation mir gegenüber der Schmähbegriff »Sonderschüler« fiel, war auch das für mich nicht sehr erbaulich.

Dessen ungeachtet war der Stress in der Schule nun scheinbar erfolgreich beseitigt, das Problem aber nicht wirklich behoben. Dass parallel meine jüngeren Geschwister den Weg ins Gymnasium fanden und mir mit ihren Latein-Deklinationen rund um »Agricola« dem Landmann und »Domina« der Herrin imponierten, machte die Sache emotional nicht einfacher. Auch dann nicht, wenn ich – während meine Mutter in Serie fleißig Vokabeln abfragte – durch die Vielzahl meiner Geschwister sozusagen im Vorbeigehen begann, selbst Latein zu lernen, ohne dass ich selbst pauken, schreiben oder lesen musste.

An die Sonderschule für LRS-Kinder in der Kölner Friesenstraße habe ich heute wenig detaillierte Erinnerungen. Erd- und Naturkunde gefielen mir sehr, ebenso wie nette und zugewandte Lehrer, die kleinen Klassen und den entspannten Umgang mit geschriebener und gesprochener Sprache. Das war insgesamt ein gelockertes Lernen ohne Rüffel, Appelle und schräge Blicke.

An einen merkwürdigen Tag jedoch erinnere ich mich recht genau: Es gab Aufregung unter den Lehrern, denn Reporter und Fotografen liefen durch das Schulgebäude. Es herrschte das Durcheinander und der typische hektische Aktionismus der Erwachsenen, der Kinder neugierig und fragend zurücklässt. Die Presse war im Haus und berichtete über eine große Apparatur im benachbarten Klassenraum. Das hammerschlaglackierte, klobige Großgerät von der Größe eines viertürigen Kleiderschankes nahm ein Viertel des Klassenzimmers ein und war ein rechtes technisches Wunderwerk mit dem sperrigen Namen »Tachistoskop«.

Diese seinerzeit moderne Gerätschaft aus dem Bereich der Experimentalpsychologie konnte auf rund 20 Leuchtfeldern Symbole und Buchstaben erschienen lassen. An diesem Tag wurden einige fotogene Kinder zusammengebracht und durften voller Bewunderung den Buchstaben und Wörtern beim Aufleuchten zusehen. Wir sollten dazu – frei von erkennbar didaktischen Bezügen – Notizen machen, um den beflissenen Fotografen ansehnliche und druckreife Motive zu liefern.

Während der Direktor die anwesenden Pressevertreter informierte, lernten wir Schüler, dass wir mit diesem Gerät leichter, effizienter und freudvoller lernen könnten, unsere LRS zu überwinden. Es war dann aber auch das erste und einzige Mal, dass ich dieses Wunderwerk aus der Prä-Computer-Ära bewundern durfte. Es handelte sich offenbar um ein Forschungsprojekt, das ausschließlich vom Rektor und seiner ihm zugewiesenen Modellschulklasse genutzt wurde.

Dass Modell- und Pionierprojekte wie auch unsere LRS-Sonderschule dazu neigen, eine gewisse Eigendynamik zu entwickeln, erschloss sich noch aus einem anderen Grund: Trotz der relativen Isolation und des lästigen Schulwegs fühlte ich mich schließlich nicht unwohl an dieser Schule. Meine Eltern jedoch dachten durchaus weiter in die Zukunft und fragten sich, wie denn meine Schullaufbahn weiterhin verlaufen könnte und sollte. Schließlich blieb der bedrückende Zweifel, ob denn eine Sonderschule, die als Schultyp nur wenige Jahre vorher noch als »Hilfsschule« firmierte, den richtigen Start ins Leben geben könne. Zudem gab es analog zu dieser Modeleinrichtung keine erprobten und kompatiblen Schullaufbahnen.

Nachdem meine Eltern der Klassenlehrerin und Schulleitung ihre Bedenken mitgeteilt hatten, riet man ihnen dringend – allen Bedenken zum Trotz –, mich auf der Sonderschule zu belassen. Eine normale Regelschule, selbst eine Hauptschule, würde ich laut Prognose der Lehrerschaft nicht bewältigen. Auch das anderslautende Gutachten des schulpsychologischen Dienstes konnte die verantwortliche Klassenlehrerin nicht umstimmen.

Eine Alternative zu finden war indes nicht so einfach. Ein Montessori-Gymnasium, das noch vor zwei Jahren bereit war, mich trotz der Legasthenie gleich von der Grundschule aufzunehmen, machte jetzt einen Rückzieher. Die Aufnahme eines Schülers aus einer Sonderschule weckte offenbar grundsätzliche Bedenken. Und so schien es ratsam, mich wieder an meiner alten Schule unterzubringen, die mittlerweile neben dem Grundschulzweig auch einen Hauptschulstrang anbot. Und so begann nach zwei Jahren Sonderschule ein neues Kapitel meiner abwechslungsreichen Schullaufbahn.

3.3 Das Labyrinth: Irrwege einer Schullaufbahn

Der Weg in die Hauptschule sollte nicht der letzte Abschnitt meiner Reise durch die Landschaft des deutschen Schulsystems gewesen sein. Zusammengefasst gestaltete sich meine komplette Schul-Odyssee wie folgt:

- 4 Jahre Grundschule
- 2 Jahre Sonderschule für LRS
- 1 Jahr Hauptschule Lohrbergstraße
- 2 Jahre Hauptschule Großer Griechenmarkt (Hauptschulabschluss)
- 1 Jahr Berufsgrundschule
- 2 Jahre Berufsfachschule für Maschinenbau und Elektrotechnik (Mittlere Reife)

- 3 Jahre Gymnasium (Abitur).

Entgegen der Prognose der Sonderschule fiel der Neustart in der regulären Hauptschule nicht wirklich schwer. Dennoch sagte mir meine neue alte Schule nicht wirklich zu. Zwar waren die Wege zur Schule jetzt wieder vertraut und kurz. Die Hauptschule in der Kölner Lohrbergstraße war jedoch zu dieser Zeit eine sogenannte Ganztagsschule. Das bedeute morgens zur Schule, mittags nach Hause zum Mittagessen und nachmittags wieder zum Unterricht. Zwar wurden – was ich sehr schätzte – nachmittags Fächer und Arbeitsgruppen angeboten, wie etwa Werken oder Schachspiel. Aber schon wieder war ich abgeschnitten von den Altersgenossen, die nachmittags frei hatten und sich nun ohne mich zum Spielen trafen.

Zudem hatte ich einen Klassenlehrer, der recht eigentümliche Erziehungsmethoden entwickelt hatte. Störte ein Schüler den Unterricht, so wurde er ermahnt. Kam es trotz Ermahnung zu einer weiteren Auffälligkeit, so begleitete Herr M. den Täter vor die Tür, wo dann das eigentliche Übel seinen Lauf nahm. Herr M. verteile Ohrfeigen, ließ den Delinquenten vor der Klassentüre stehen und nahm seinen Unterricht wieder auf. Etwa zehn Minuten später besuchte er den armen Wicht erneut vor der Klassentüre, um ihm weitere Schläge ins Gesicht zu verpassen. Je nach Schweregrad des Vergehens wiederholten sich solche Sequenzen mehre Male.

Ich selbst musste diese sonderpädagogische Behandlung nur einmal über mich ergehen lassen. Dabei wurden mir trotz mehrfacher Episoden vor der Klassentür jedoch nur wenige wirkliche Schläge zuteil. Diese Vorsehung war mir vermutlich nur deshalb vergönnt, weil mein Vater – wie fast immer bei meinen Geschwistern und mir – der gewählte Elternvertreter meiner Klasse und Schule war.

Natürlich war das Thema Legasthenie auch hier ein Thema, aber zumindest nicht mehr so dominant. Immerhin brachte ich es in manchen Diktaten sogar zu einem fantastischen »ausreichend«.

Und zudem war ich nicht der einzige Schüler mit Rechtschreibproblemen, wie der Notenspiegel unter meinem mit »mangelhaft« bewerteten Diktat kurz vor Weihnachten 1967 zeigt:

Tab. 3

sehr gut	1	ausreichend	9
gut	3	mangelhaft	7
befriedigend	2	ungenügend	2

Das fragwürdige Verhalten meines Klassenlehrers – der es mit seiner Art der schwarzen Pädagogik später immerhin zum Rektor der Schule brachte – sowie die Nebenwirkungen der Ganztagsschule ließen es nun ratsam erscheinen, einen erneuten Schulwechsel einzuleiten.

An der nun folgenden Hauptschule Großer Griechenmarkt sollte ich die nächsten zwei Jahre bleiben und sie später mit einem Hauptschulabschluss verlassen. Leider bedeutete es auch hier, wieder vom südwestlichen Rand der Stadt in die Kölner Innenstadt fahren zu müssen. Geboten wurde immerhin – neben den klassischen Schulfächern – handwerklicher Unterricht, eine Foto-AG mit eigenem Fotolabor und ein mehrwöchiges Berufspraktikum in einem technischen Produktionsbetrieb.

Verbunden war der Unterricht mit gewissen Fertigkeiten für das wirkliche Leben, von welchen meine Geschwister auf ihren humanistischen Gymnasien keinen blassen Schimmer hatten. So lernte ich durchaus mit einem gewissen Stolz, Bewerbungen zu schreiben, einen Lebenslauf zu verfassen, mit Banküberweisungen umzugehen und andere praktische Dinge des Lebens, welche für die Schüler eines Gymnasiums offenbar nicht von Nutzen waren. Zumindest hiermit war ich konkurrenzlos im Kreis meiner Geschwister und deren klassisch humanistischer Geistesbildung.

3.4 Ein kleines Biest: ADS als Nebeneffekt

Der Umgang mit meinen Geschwistern änderte sich durch meine Legasthenie ohnehin. Ich war auf einmal zum Sonderling geworden auf verschiedenen Ebenen. Irgendwie war ich offensichtlich nicht ganz »normal« oder zumindest einfach anders als die anderen. Nicht, dass ich mich von anderen Kindern abhob durch besondere Fähigkeiten, Talente oder Stärken. Nein, ich zeichnete mich in meiner Andersartigkeit vor allem durch meine Unzulänglichkeiten und Fehler aus. Irgendetwas in mir war meiner eigenen Wahrnehmung nach falsch, unrund oder – wie die Noten verrieten – einfach mangelhaft oder ungenügend. Ich genügte irgendwie nicht.

Wenn Experten meine Diktate und schriftlichen Arbeiten aus der Grundschulzeit sehen, werden sie feststellen, dass ich mit der Art und Weise meiner Fehler eine recht gemäßigte Legasthenie aufwies. Es gibt mitunter Texte von Kindern, in welchen sich der Sinn und Inhalt vor lauter Fehler, Dreher, Auslassungen oder Wortstummeln kaum erfassen lässt (▶ Kap. 2.3). Dies war bei mir deutlich anders. Aber die Anzahl meiner Fehler genügten immerhin mit Leichtigkeit für ein »ungenügend«. Auch das musste ich erst einmal verstehen und akzeptieren lernen.

Die eigenen Beschränkungen und Unzulänglichkeiten zu akzeptieren ist bekanntlich selbst für Erwachsene oft nicht leicht. Und so gibt es Menschen, die dies ihr Leben lang nicht bewerkstelligen, weil sie es nicht können oder wollen. Mit meinen zehn, elf oder zwölf Jahren war ich aber mit dem, was man Bewältigung nennt oder im Fachjargon als »Copingstrategie« bezeichnet, jedenfalls heillos überfordert. Es gab ja nicht einmal irgendjemanden, der es mir richtig erklären konnte. Vielleicht auch deshalb, weil viele Lehrer, Psychologen und ebenso meine Eltern Mitte bis Ende der Sechzigerjahre selbst noch nicht genau wussten, was Legasthenie eigentlich bedeutet und was genau die Ursache ist. Oder sollte man mir sagen, dass leider meine Zellen im mittleren »Nucleus geniculatus« meines Zwischenhirns ein wenig mickrig ausgefallen waren?

Auch das Wissen darum, dass meine Urgroßmutter – immerhin die stattliche Frau des Bäckermeisters –- derartige Niederschriften hinterließ, dass sich die gesamte Belegschaft an deren variantenreichen Fehlern belustigte, hätte mir nicht weitergeholfen. Selbst wenn Legasthenie tatsächlich eine genetische Komponente aufweist: Was sollte mir das helfen?

Ziemlich genau zwanzig Jahre später sollte ich selbst als junger Diplompädagoge an der Universitäts-Kinderklinik in Berlin Kindern mit Diabetes mellitus, Asthma oder Neurodermitis sowie deren Eltern mit Hilfe entwicklungspsychologischer Erkenntnisse darin unterstützen, ihre Erkrankung altersgemäß zu verstehen und zu akzeptieren. Damals jedoch gab es solche Ansätze und Hilfen für Kinder mit gleichwelcher Behinderung kaum, und erst recht nicht für Kinder mit LSR oder Legasthenie.

Nun war ich also erst einmal allein mit meinem Latein oder besser mit meinen Problemen im Umgang mit meiner Muttersprache – zumindest, was deren schriftlichen Anteil betraf. Verbal hatte ich ohnehin keine Symptome gezeigt; im Gegenteil. Es zeigte sich vor und nach dem Erkennen meiner Legasthenie, dass ich keine generellen Sprachstörungen aufwies. Insofern war ich meinen Geschwistern oder Gleichaltrigen verbal durchaus gewachsen. Zudem konnte ich mit Beginn des siebten Schuljahres bis zum späteren Abitur durchgängig als Klassen-, Jahrgangs- oder Stufensprecher meine sprachlichen Fähigkeiten nutzen und ausbauen.

Im Alter von etwa elf Jahren entwickelte ich dennoch psychosoziale Auffälligkeiten, die man heute wahrscheinlich als »Aufmerksamkeitsdefizitsyndrom« (ADS) beschreiben würde. Das heißt, ich war nicht primär hypermotorisch auffällig, aber immer auf der Suche nach Streit und Stress; insbesondere mit meinen Schwestern, die drei und vier Jahre jünger waren als ich.

Irgendwie bereitete es mir offensichtlich große Freude, den beiden braven, bezopften Wesen nachzustellen und sie zu ärgern. Was nicht heißt, dass meine anderen Geschwister vor mir sicher gewesen wären. Dieses Verhalten hatte sich so verfestigt, dass, wenn meine Geschwister aus irgendeinem Grund zu kreischen oder zu schreien begannen, meine irgendwo im Haus wuselnde Mutter reflexartig aus der Ferne rief: »Reinhold, lass die Kinder in Ruhe!«

Auch wenn meine Geschwister diesen Automatismus hin und wieder ohne triftigen Grund in Gang zu setzten und für sich zu nutzen wussten, war ich wirklich ein echter und ausdauernder Quälgeist. Mein auffälliges Verhalten war dann auch der Grund zur Einleitung einer Psychotherapie bei einer Kinder- und Jugendpsychotherapeutin.

Heute habe ich diese Therapie nur noch schemenhaft in Erinnerung. Einerseits mochte ich diese Sitzungen nicht. Sie fanden in einer Mischung aus Wohn- und Besprechungszimmer in der Wohnung der Therapeutin statt und bestanden meist aus Reden, Spielen und dem seinerzeit unvermeidlichen Sceno-Test-Kasten. Mit diesem psychodiagnostischen Test- und Therapie-Hilfsmittel können die jungen Klienten mit Figuren von Menschen oder Tieren, kleinen Utensilien und Bausteinen relevante Alltags-Szenen aus Familie, Schule oder der Freizeit nachstellen.

Ich ging meist brav, aber lustlos zu diesen therapeutischen Sitzungen, habe die Termine aber auch gerne hin und wieder geschwänzt. Die ganze Atmosphäre empfand ich irgendwie als langweilig und ich hatte oft das Gefühl, dass man hier irgendwas von mir wollte, ohne dass ich eine Ahnung davon hatte, was dies sein könnte. Als suche man etwas in mir oder an mir. Als sei ich ein wandelndes Rätsel; das ich ja irgendwie für alle auch war.

Zudem betrug der Fahrweg zur Therapiestunde etwa eineinhalb Stunden für Hin- und Rückfahrt mit der Straßenbahn. In Ermangelung dessen, was man heute »Helikopter-Eltern« nennt, musste ich diesen Aufwand allein bewältigen. Faktisch bedeutete damit jede Therapiesitzung inklusive der Fahrzeit den Ausfall eines kostbaren Nachmittags, der mir mit alternativen Tätigkeiten weitaus besser nutzbar schien.

Andererseits war meine Therapeutin auch eine Art Anwältin für mich. Warum auch immer war sie für eine Stunde scheinbar nur für mich da und hörte mir aufmerksam und geduldig zu, auch wenn ich nichts wirklich Interessantes zu berichten hatte. Anders als etwa meine Eltern, die mit Beruf, (Haus-)Arbeit und acht Kindern ihre Aufmerksamkeit auf viele verschiedene Anlässe und Geschehen verteilen mussten. So erinnere ich, wie sie mir half, meine Eltern zu überzeugen, dass es gut für mich sei, mir zu erlauben, einen Goldhamster zu halten. Insbesondere meine von Haustieren wenig begeisterte Mutter ließ sich mit Hilfe meiner Therapeutin letztlich davon überzeugen, dass mir ein kleiner Gefährte guttun würde und für meine Entwicklung förderlich sei.

Ob und inwieweit diese ergänzende psychotherapeutische Begleitung entscheidend dazu beitrug, dass ich schließlich ruhiger, stabiler und zufriedener wurde, weiß ich heute nicht zu sagen.

Vermittelt wurde die psychotherapeutische Begleitung durch den schulpsychologische Dienst. Dieser hatte mich – wie bereits beschrieben – gründlich untersucht und getestet. Scheinbar suchte man dort neben den bekannten neurologischen Erklärungsmustern auch nach anderen Begleitursachen meiner LRS-Problematik sowie meiner Verhaltensauffälligkeit. Exakt an bei dieser Suche entstand eine lustige Episode, die anschaulich zeigt, dass Menschen, die verzweifelt Ursachen suchen, mit hoher Wahrscheinlichkeit irgendwann glauben, das verzweifelt Gesuchte endlich gefunden zu haben.

So fragte man mich bei einem Besuch in der Beratungsstelle, ob es denn bei uns zu Hause hin und wieder Streit gebe, etwa zwischen Mutter und Vater. Als ich dies wahrheitsgemäß klar und deutlich verneinte, schloss man daraus, offensichtlich besser und gezielter nachfragen zu müssen: Ob ich mir denn theoretisch vorstellen *könne*, dass sich Mutter und Vater streiten *könnten*, wurde ich investigativ befragt. Und so sagte ich nach kurzem Nachdenken: »Ja, wenn der Vater ein Trinker ist!«

Beim kommenden Nachgespräch mit meinen Eltern in der Beratungsstelle fragte dann einer der Experten nach entsprechendem Herumdrucksen und verlegenen Blicken, ob es denn bei uns zu Hause etwa Alkoholprobleme gäbe. Meine Eltern schauten sich irritiert, verlegen, dann aber schließlich belustigt an. Sie wiesen den Verdacht des Psychologen zurück und fragten vorsichtig, wie man denn zu dieser Hypothese gekommen sei. Und so wurde ich wörtlich mit meiner Aussage zitiert: »Ja, wenn der Vater ein Trinker ist!«

Amüsiert konnten meine Eltern nun klarstellen, wie meine Antwort auf die im Konjunktiv gestellte Frage zustande kam: Gegenüber unserem Haus wohnte ein älterer, kriegsversehrter Mann mit seiner Frau und seinen fünf Kindern. Und in der Tat – das war in der ganzen Straße bekannt – gab es dort häufig Auseinandersetzungen rund um das Thema Alkohol, Haushaltsgeld und die Kneipenbesuche des Vaters nach Feierabend. Mein Vater war – so viel am Rande – nach einer Hepatitis aus der Nachkriegszeit bis auf das ritualisierte Anstoßen bei Feierlichkeiten so gut wie abstinent.

Nun aber zurück zu meinen Verhaltensauffälligkeiten: Mit dem Einsetzen und Fortschreiten der Pubertät wurde ich ruhiger und friedlicher und zog mich eher zurück; sowohl in der Familie als auch gegenüber den Gleichaltrigen im sozialen Umfeld.

Die Kontakte zu den Jugendlichen aus der Nachbarschaft waren deutlich abgeflaut, zumal wir 1968 einige Straßen weitergezogen waren in unser zweites Haus, das endlich angemessenen Platz schaffte und mir im zwölften Lebensjahr endlich zu meinem ersten eigenen Zimmer verhalf. So hatte sich mein Freundeskreis auf zwei etwa Gleichgesinnte reduziert, die ebenfalls eher als Einzelgänger unterwegs waren und wie ich als ein wenig sonderbar galten.

Aber auch diese Form des Rückzuges verlor sich bald, als ich mit etwa 17 Jahren Anschluss fand an eine Gruppe Jugendlicher aus unserem Stadtviertel, die sich nach einer erst losen Verbindung gemeinsam eine eigene Gruppe im Verbund des Jugendrotkreuzes gründete.

3.5 Auf zur Normalität: Die Mittlere Reife im Blick

Mein Berufswunsch war seit etwa dem elften Lebensjahr konstant geblieben: Ich wollte unbedingt Ingenieur werden. Ich träumte davon zu konstruieren, zu bauen, Geräte oder Werkzeuge zu entwickeln und vielleicht die ein oder andere Erfindung machen. Aber mit der reduzierten Aussicht auf einen Hauptschulabschluss bot sich zunächst eher nur eine handwerkliche Ausbildung an.

Selbst wenn Anfang der Siebzigerjahre ein passabler Hauptschulabschluss durchaus einer Garantie für einen Ausbildungsplatz gleichkam, war doch für mich eine Lehre nicht verlockend. Schließlich ist selbst ein guter Geselle von seinem Wirken und seiner Selbstbestimmung nicht vergleichbar mit einem Ingenieur. Also musste es irgendwie weitergehen mit meiner schulischen Bildung und Qualifizierung, etwa an einer berufsbildenden Oberschule.

Leider waren, als sich der Hauptschulabschluss näherte, in der Berufsfachschule schon alle Plätze belegt, und so besuchte ich für ein Jahr die Berufsgrundschule für gestaltende und Laborberufe. Geführt von einem christlich geprägten Humanisten war diese Institution ein segensreiches Auffangbecken für Jugendliche mit allerlei Lern- und Leistungsproblemen. Sie war dafür gedacht, diese Klientel zu fördern und ihnen – da nicht alle SchülerInnen dort über einen Hauptschulabschluss verfügten – eine bessere Aussicht auf einem soliden Ausbildungsplatz zu verschaffen.

Wenn mich diese Schule auch nicht wirklich forderte oder geistig stimulierte, so sorgte sie doch immerhin für einen ansehnlichen Notendurchschnitt. Ein Jahr älter, reifer und aufgehübscht mit einem schmucken Zeugnis gelang mir damit dann doch der gewünschte Einstieg in die Berufsfachschule für Maschinenbau und Elektrotechnik.

Um ehrlich zu sein: Ich war nie ein guter Schüler und ich habe die Schule nie wirklich schätzen oder gar lieben gelernt – im Gegenteil. Mehr als das unbedingt Nötige war ich in aller Regel nicht

3.5 Auf zur Normalität: Die Mittlere Reife im Blick

bereit zu leisten. Es sei denn, es gab Themen, Inhalte, Unterrichtseinheiten oder Projekte, die mein Interesse weckten. Dann saß ich Zuhause, legte Mappen an, erstellte Collagen oder Poster, suchte in Büchern oder Heften weitere Informationen und freute mich auf die Fortsetzung des Unterrichts. Ansonsten war ich eher faul und beschränkte meinen Einsatz auf das unbedingt Notwendige; eine Grundhaltung, die sich bis zum späteren Abitur nicht grundlegend verändern sollte.

Immer jedoch, wenn in meiner Schul-Odyssee ein Wechsel auf eine andere Einrichtung anstand, mahnte mich meine Mutter und prophezeite, dass es nun vorbei sei mit dem Müßiggang und Schlendrian. Sie meinte, dass die jeweils neue Schule nun höhere Anforderungen mit sich brächte und mir deshalb zwangsläufig mehr Fleiß und Einsatz abverlangen würde. Eine Voraussage oder Androhung, die sich nicht mit meinem Verständnis von Lebensqualität decken wollte, sich Gott-sei-Dank aber nie wirklich im vollen Umfang bestätigte.

In der Tat war die Berufsfachschule aber schon ein etwas anderes Format nach der wenig herausfordernden Berufsgrundschule. Immerhin führte sie zu einem Mittleren Schulabschluss. Mit dieser »Mittleren Reife« stand anschließend der Weg offen für die Fachoberschule, die wiederum theoretisch ein Fachabitur ermöglichte.

Nun machte es sich für mich aber leider bemerkbar, dass ich durch meine zahlreichen Schulwechsel unter anderem nie systematisch Englisch gelernt hatte. Vor den Siebzigerjahren war Englisch in Hauptschulen sehr unterschiedlich etabliert. Es gab unterschiedliche Ansprüche, Lehrpläne und Bücher. Auf der Sonderschule hatten wir eher einen etwas spielerischen Umgang rund um das Schulbuch »Peter Pim and Billy Ball – Englisches Lehrbuch für Jungen und Mädchen«.

Sollte es damals einen einheitlichen Lehrplan für Haupt- und beruflich bildende Schulen gegeben haben, so ist dieser zumindest lebenspraktisch vollkommen an mir vorbeigegangen. In meinem Fall war fast jeder Schulwechsel mit einem Neuanfang des Englischunterrichtes verbunden, was folglich echte Fortschritte praktisch ausschloss. Auf der Berufsfachschule hieß also nun also doch, mehr und systematischer zu lernen, zumal im Fach Englisch.

Mit einer ersten Klassenfahrt nach England wuchs zwar das Interesse am praktischen Spracherwerb. Da aber die englische Orthographie nun eine zusätzliche Herausforderung darstellte, wurde diese Freude mehr als getrübt.

Im Deutschunterricht hatte zwar die Gewichtung der Rechtschreibung für die Notenfindung in den letzten Jahren nachgelassen. Diese für mich positive Entwicklung wurde aber durch den zusätzlichen Kampf mit der noch weniger phonetischen englischen Orthographie wieder aufgehoben. Legasthenie wird schließlich nicht besser, wenn die damit verbundenen Beeinträchtigungen auch noch auf verschiedene Sprachen beziehungsweise Schulfächer abfärben. Später am Gymnasium sollte dann mit der zweiten Fremdsprache Französisch ein drittes zumindest schriftliches Stolperfeld hinzukommen.

In der Berufsfachschule waren nun wieder lange Anfahrtswege gefragt, diesmal sogar hinüber auf die andere Rheinseite, was meine persönliche Isolierung weiter verstärkte. Dafür machte Schule jetzt mehr Spaß. Ein ganzer Tag Werkstattunterricht, in dem wir aus groben Werkstücken einen echten Hammerkopf feilten oder eine Parallelschraubzwinge herstellten. Wir lernten die Grundlagen des elektrischen und autogenen Schweißens oder den Umgang mit Werkzeugmaschinen. Man erfuhr zudem lauter Dinge, mit denen man wirklich etwas anfangen konnte: etwa Werkstoffkunde und nicht nur theoretische Physik oder abstrakte Chemie.

Nie hatte sich mir zum Beispiel der Sinn und Nutzen von Algebra erschlossen außer als beschäftigungstherapeutische Übung für Lehrer und Schüler. Jetzt aber lernte ich Trigonometrie und verbesserte meine Mathematiknote deutlich. Hiermit konnte ich plötzlich mit kniffligen Formeln berechnen, wie viel Last ein Kran tragen konnte oder der Ausleger für eine Hebevorrichtung. Wie plastisch, wie praktisch, wie nützlich und nicht weniger logisch als etwa die binomischen Formeln, die mir nur dazu gut schienen, um Schulbücher zu füllen oder Schülerhirne sinnfrei zu strapazieren.

Sage mir, wozu ich lerne und ich lerne! Jetzt machte vieles Spaß, was vorher nur aus wenig motivierender Pflicht und anonymen Lehrplanzwängen bestand.

Meine Schreibschrift wurde leider nicht besser. Diese galt es sich auf einer berufsbildenden Schule sogar weitestgehend abzugewöhnen. An technischen Schulen dominierte die sogenannte »Normschrift« mit vorgeschriebenen Schrifthöhen, -breiten und Neigungswinkeln. Eine Schrift, wie man sie aus Bauplänen kennt oder von technischen Zeichnungen. Zuerst mit Schablonen eingeübt, wurde sie dann zur Standardschrift. Keine gute Erfindung für Menschen mit Legasthenie im Übrigen, weil man Schwächen in der Rechtschreibung nicht mehr durch eine partiell weniger lesbare Handschrift kompensieren kann.

Ärgerlich war nur, dass ich mich im zweiten Jahr auf der Berufsfachschule entschlossen hatte, statt Maschinenbau nun Elektrotechnik als Hauptfach fortzuführen. Leider gab es für dieses Wahlpflichtfach und dessen Nebenfächer plötzlich keine verfügbaren Lehrer mehr, etwa für den Fachunterricht, für elektrotechnische Planzeichnungen oder für die Anleitung in der Werkstatt. Und so wurde einfach ein, wenn auch fachlich nicht durchgehend kompetenter Maschinenbaumeister in die Elektrowerkstatt abkommandiert, um uns als auserkorener Autodidakt nun Elektroinstallationen nahezubringen.

Aber statt der erhofften Schaltkreise übten wir im Technischen Zeichnen weiter stur Kegelschnitte und andere Künste ohne den dafür erhofften Anwendungsbezug. Das ärgerte mich, nicht nur weil zu Schulbeginn etwas anderes versprochen war. Und so begann ich, das technische Zeichnen zu vernachlässigen. Warum auch sollte ich hier Energie verschwenden. Mein nächstes Ziel war mittlerweile nun ohnehin das Gymnasium und nicht die Fachoberschule. Und so beendete ich die Berufsfachschule mit der Mittleren Reife samt einem passablen Zeugnis, das nur einen Makel hatte: ein unansehnliches Mangelhaft im verhassten Technischen Zeichnen. Von diesem Makel wird später noch die Rede sein.

3.6 Ein kleiner Unfall: Beginn des Durchbruchs

Über all die Jahre habe ich Bücher nicht wirklich gemocht. Comic-Hefte ja, Enzyklopädien zum Nachschlagen ebenso. Aber Literatur und Lektüre waren bis dahin nie wirklich meins geworden. Zu sehr war mir das Lesen verdorben durch Üben und Pflichtlektüre. Dann jedoch kam es durch zwei Ereignisse zu einem Wandel oder gar Durchbruch.

Beim ausgelassenen Fangen-Spiel in der Ferienzeit mit meiner Schwester Brigitta schlug mir diese beim Nachlaufen unsere äußere Küchentüre vor der Nase zu, als sie sich vom Garten ins Haus flüchtete. Reflexartig streckte ich meine linke Hand aus, um die Türe offen zu halten. Doch die Glasfüllung der Türe zerbrach mit lautem Knall und Klirren und alles lag voll Scherben.

Während ich mir mit schlechtem Gewissen die Reaktionen meiner Eltern ausmalte, die zu dieser Stunde nicht zuhause waren, merkte ich, dass meine linke Hand ganz warm und nass wurde. Als ich sie anhob und mir anschaute, sah ich einen feinen pulsierenden Strahl, der mein Blut unterhalb des Handballens in einer feinen, aber scharfen, etwa zwanzig Zentimeter hohen Fontäne im Haus verteilte.

Meine Schwester lief panisch durchs Haus und dann auf die Straße: »Der Reinhold stirbt, der Reinhold stirbt!« Von meiner Schwester alarmiert eilte unser nun blasser und hektisch-hilfloser Nachbar mit einem Verbandkasten herbei, wusste aber nicht recht, wie und was zu tun sei. Da es mir selbst nie an Pragmatismus gefehlt hatte und ich für den Mopedführerschein zwei Wochen vorher einen Kurzlehrgang zu »Sofortmaßnahmen am Unfallort« absolviert hatte, konnte ich nun beherzt die Anwendung eines Druckverbandes vorführen. Die eigene Angst und Panik durch die nun gestillte Blutung in die Gewissheit verwandelt zu haben, dass das Leben doch wohl weitergehen würde, fühlte sich richtig gut an.

3.6 Ein kleiner Unfall: Beginn des Durchbruchs

Das Erdgeschoss und das Treppenhaus sahen aus wie ein Schlachtfeld, aber ansonsten war alles nicht wirklich schlimm. Ein paar Nähte bei örtlicher Betäubung im OP, zur Sicherheit eine Blutkonserve und eine Infusion mit Ringer-Lösung und das Gröbste war ausgestanden. Abends kam sogar mein Vater ins Krankenhaus, schimpfte aber mit keinem Wort. Er saß ganz friedlich und gelöst an meinem Bett und küsste mich sogar zum Abschied auf die Stirn. Alles war wieder gut.

Durch den Blutverlust war ich indes etwas anämisch, schwach und mir schwindelte beim Stehen. Damals gab es noch kerngesunde Krankenkassen und damit kein Gegenargument dafür, mich zur allgemeinen Beobachtung und bis zur vollständigen Wiederherstellung eines vorzeigbaren Blutbildes für etwa zehn Tage stationär aufzunehmen. Da seinerzeit ein Fernseher oder ein Telefon am Krankenbett allenfalls für dem Hoch- oder Finanzadel vorbehalten waren, begann für mich als Jugendlicher auf einer chirurgischen Männer-Station, umgeben von gefühlt uralten Mitmenschen, ein überaus langweiliger Zwangsaufenthalt.

Um etwas Ablenkung zu bekommen, bat ich meinen Vater, mir ein oder zwei Bücher meines älteren Bruders mitzubringen, der ein Verehrer und Sammler von Karl-May-Büchern war. Er besaß fast alle gängigen Werke: die Winnetou-Trilogie, die Old-Surehand-Trilogie, den »Schatz im Silbersee« und andere, auch weniger bekannte Karl-May-Romane, wie »Die Herren von Greifenklau« u. a. m. Und kaum war mein Wunsch erfüllt, war aus mir ein besessener Leser geworden, der – etwa in der o. g. Reihenfolge – Karl Mays Bücher verschlang.

Die Sprache seiner Bücher war merkwürdig altertümlich und mitunter triefend pathetisch, aber leicht und flüssig lesbar. Und so las und las ich diese, trotz des antiquierten Stils fesselnden Bücher, weit über die absehbare Zeit in Krankenhaus hinaus. Nicht dass diese neue Gewohnheit meine Legasthenie hätte vergessen machen lassen, aber meine Rechtschreibung wurde durch das ausgiebige Lesen nach und nach deutlich besser.

Aber es sollte noch besser kommen. Während der Zeit in der Berufsfachschule hatte ich einen Deutschlehrer besonderer Art. Er war groß, von kräftiger Statur, fast füllig und von einnehmendem Wesen. Er trug beige Leinenanzüge mit den für Leinen typischen Knitterfalten. So wusste man nicht recht, ob er nun eigentlich gut wie ein Künstler oder eher schon etwas nachlässig gekleidet war. Dazu passten die halblangen etwas strähnigen Haare, die immer ein wenig pomadig wirkten. Er war streng und konsequent in seinem Auftreten als Lehrer und hatte oft einen etwas spöttisch-sarkastischen Unterton.

So meinte er manchmal, wenn noch etwas Unruhe im Klassenraum war, und bevor er einzelne Schüler zu Beiträgen oder zum Vortrag mündlicher Hausaufgaben aufforderte: »Seit jetzt bitte ruhig, hier braucht jemand eine faire Chance, sich seine Fünf redlich zu verdienen!«. Aber obwohl er streng und energisch war – etwa bei nicht gemachten Hausaufgaben – so war er doch – anders als in seinen etwas herben Wortwahl – in seiner Notengebung angenehm fair und wohlwollend. Ich saß bei ihm vorn in der ersten Reihe und hielt stets Blickkontakt, da ich gelernt hatte, dass ein direkter, offener und freundlicher Blick zum Lehrer die beste Chance war, nicht gezielt nach der Erledigung der Hausaufgaben gefragt zu werden. Diese unangenehme, aber unvermeidbare Routine des selbstsicheren Blickkontaktes dauerte meist nur einige Minuten, gefühlt jedoch eine Ewigkeit.

Ich mochte diesen Lehrer irgendwie auf Anhieb. Und diese Sympathie nahm weiter zu, als er uns nicht nur mit irgendwelchen Sprachübungen, dummen Schulmaterial oder faden Gedichten konfrontierte, sondern mit echten Kostbarkeiten der deutschen Sprache, wie sie mir in der Schule so noch nie präsentiert wurden: Wolfgang Borchert, Heinrich Böll oder Gerhardt Hauptmann. Wir lasen Annette von Droste-Hülshoffs »Die Judenbuche« oder Lessings Ringparabel. Und so begann ich zu begreifen, was Sprache jenseits der verfluchten Rechtschreibung bedeuten kann. Es war eine kleine Offenbarung, die mich lange fesselte und am Lesen hielt, eine tiefe Zuneigung zur Literatur, die erst am Gymnasium durch eine absolut überambitionierte Deutschlehrerin zum Erliegen kommen sollte.

Meine Rechtschreibung blieb indes ein Problem, auch wenn es an Bedeutung verloren hatte. Und dies nicht nur für mich selbst. Viele Lehrer hatten durch Aus- und Fortbildung mittlerweile etwas gehört vom Phänomen Legasthenie oder LRS und begannen – wenn auch recht vorsichtig – die Rechtschreibung anders zu bewerten; sowohl was den Stellenwert betraf als auch die Relevanz für die Gesamtnote im Hauptfach Deutsch.

3.7 In der Sackgasse: Ein fast verhängnisvoller Irrtum

Wie bereits erwähnt, verließ ich die Berufsfachschule mit einem recht passablen Zeugnis. Der einzige wirkliche Makel bestand aus besagter Fünf im Technischen Zeichnen, die meinem Widerstand gegen die Schule geschuldet war. Man hatte mir schließlich seinerzeit versprochen, den Zeichenunterricht auf das Wahlpflichtfach Elektrotechnik anzupassen. Aber nichts passierte.

Mittlerweile war mir aber klar, dass ich nicht an die Technische Fachoberschule wechseln wollte, sondern als Quereinsteiger auf ein klassisches Gymnasium. In Mathematik war ich – bis auf den Bereich Trigonometrie – keine wirkliche Leuchte und ich wollte meine beruflichen Möglichkeiten gerne flexibler und variabler gestalten. Schließlich erschlossen sich mir mit einem gewöhnlichen Abitur weitaus mehr Optionen. Und wenn ich wollte, konnte ich mit einem regulären Abitur jedes technische Studium aufnehmen und dies sogar an namhaften Technischen Universitäten, wie etwa im benachbarten Aachen.

Auch mein Selbstbewusstsein nahm in dieser Zeit wieder zu. Ich war kein obskurer Sonderschüler und kein simpler Hauptschüler mehr; weder in der Selbst- noch in der Fremdwahrnehmung.

3 (M)ein Leben mit Legasthenie

Ich war formal und dem eigenen Anspruch folgend wieder anschlussfähig – auch ohne Gymnasium. Mit dieser Selbstachtung – oder, wie man es fachpsychologisch ausdrücken würde – mit diesem Gefühl der Selbstwirksamkeit schloss ich mich wieder den alten Freunden an, zu denen der Kontakt in den letzten Jahren verloren gegangen war.

Wir engagierten uns als Jugendgruppe in kleinen sozialen Projekten, feierten harmlos wilde Partys, organisierten Fahrten und Zeltlager, hörten die Musik der 70er und 80er Jahre, sangen Anti-Kriegs-Lieder von Bob Dylon oder Joan Baez und versuchten uns in ersten Paarbeziehungen. Alles war gut. Das Leben war schön und bunt wie die schreiend bunten Klamotten und Schlaghosen der 70er Jahre und ich war wieder mittendrin. Ich war mit mir, dem Leben und alledem jedenfalls sehr zufrieden und nicht selten richtig glücklich.

Die Sorglosigkeit hielt an trotz der Schule und meiner undekorativen Fünf im Technischen Zeichnen. Aber schließlich wurde auf keinem normalen Gymnasium dieses Fach unterrichtet, und so hatte diese Beurteilung – dachte ich zumindest – für die Berechnung der relevanten Durchschnittsnote keine Bedeutung.

Das Schicksal und die bundesdeutsche Bildungspolitik meinten es trotz der verzichtbaren Legasthenie gut mit mir. Schließlich wurde im Westen Deutschlands 1972 die sogenannte Oberstufenreform aufgerollt. Nun gab es plötzlich neue Schulfächer wie Pädagogik, aber auch Wahlpflichtfächer und Leistungskurse mit fast doppelter Stundenanzahl. So konnte jeder Schüler modulartig die Lerninhalte den individuellen Neigungen und Interessen anpassen, obwohl einige unverzichtbare Inhalte wie Fremdsprachen und Mathematik weitgehend im Pflichtkanon erhalten blieben.

Schließlich war ich durch meine recht eigenwillige Schulkarriere zwei Jahre älter als ein normaler Schüler meines Schuljahrgangs. Etwas mehr schulische Freiheit gefiel mir insofern gerade deshalb, weil ich etwas mehr wollte als das reine Pauken nach irgendwelchen undurchschaubaren Standard-Lehrplänen. Was aber noch besser war: Mit der Oberstufenreform war es nun möglich,

3.7 In der Sackgasse: Ein fast verhängnisvoller Irrtum

nach Erlangung der Mittleren Reife von anderen Schultypen, wie etwa einer Höheren Handelsschule, einer Realschule oder einer Berufsfachschule auf ein reguläres Gymnasium zu wechseln. Was für ein Segen für mich! Mit meinem geplanten Wechsel zum Gymnasium passte 1973 scheinbar einfach alles. Es galt nur ein Gymnasium zu finden, das mich aufnehmen würde.

Voller Zuversicht bewarb ich mich bei verschiedenen Oberschulen. Ich interviewte Schüler aus nahegelegenen Gymnasien, schrieb möglichst fehlerfreie Bewerbungsbriefe und führte einige Vorstellungsgespräche. Das Ergebnis war leider sehr ernüchternd: Entgegen meiner Vermutung wurde die leichtsinnig erworbene Fünf im Technischen Zeichnen sehr wohl bei der Berechnung der Durchschnittsnote einbezogen. Und damit hieß es in Bezug auf meinen Wunsch, die Schullaufbahn an einem regulären Gymnasium fortzusetzen, plötzlich: No way – keine Chance!

Mich selbst für meine fahrlässige und anmaßende Fehleinschätzung zu ärgern, half nun leider nicht weiter. Ich stand vor einer schönen, neuen und stabilen Brücke in eine innerlich bunt ausgemalte Zukunft, durfte sie aber nicht betreten. Und das aus Gründen, die ich mir selbst zuzuschreiben hatte. Die folgenden Wochen voller Gram, Ratlosigkeit, Selbstvorwürfen und der verzweifelten Suche nach Alternativen irgendwelcher Art waren wahrlich keine schöne Zeit.

Aber manchmal ist das Leben wie eine kitschige Postkarte oder ein Poesie-Album mit schnulzigen Sprüchen, etwa wie: »Wenn du glaubst, es geht nicht mehr, kommt von irgendwo ein Lichtlein her.« Und dieses Licht war eine Verknüpfung aus dem Wirken meiner fürsorglichen und loyalen Mutter und dem, was man in Köln »Klüngel« nennt, in Berlin »Filz« oder in Bayern »Spezi-Wirtschaft«. Doch, um dies zu erklären, braucht es einen kleinen Rückblick.

Als mit meiner kleinen Schwester das jüngste ihrer Kinder Ende der Siebzigerjahre in den Kindergarten kam, fühlte sich meine Mutter nicht mehr ausgelastet. Nachdem sie ihre Kraft über viele Jahre in ihre Kinder, den Haushalt und das Wirken als emotionales, soziales und organisatorisches Rückgrat meines Vaters gesteckt hatte, spürte sie zunehmend die fehlende intellektuelle Stimulierung. Auch die Teilnahme an Diskussionsrunden, ihr Engagement in der Laienvertretung der katholischen Kirche oder die Lektüre anspruchsvoller Bücher konnten dieses Bedürfnis nicht stillen.

Wie in Deutschland offensichtlich in etwa 20-jährigen Zyklen unvermeidlich, gab es Ende der Sechzigerjahre an den Schulen plötzlich und irgendwie völlig unerwartet einen massiven Lehrermangel. Auch damals war offensichtlich die Existenz der Bevölkerungsstatistik oder anderer sozialwissenschaftlicher Erhebungen noch nicht in die Köpfe der Politiker und Regierungsbeamten vorgedrungen. Wie aktuell gerade heute wieder bemühten sich deshalb damals Bildungswesen und Politik voller Aktionismus, aus der Bevölkerung geeignete Menschen anzuwerben, um die Flut der geburtenstarken Jahrgänge an den Schulen zu bewältigen. Das Land brauchte schließlich unbedingt Lehrer und Lehrerinnen und zwar viele.

Die dann als Kandidaten identifizierten, tapferen und segensreichen Menschen wurden seinerzeit im Volksmund etwas ironisch als »Mikätzchen« oder »Mikater« bezeichnet. Der Begriff stand scherzhaft für Lehrer, die in Nordrhein-Westfalen auf Initiative des damaligen Kultusministers, Paul Mikat, zu vereinfachten Bedingungen als Seiteneinsteiger in den Lehrerberuf gelangten. Bereits 1963 hatten schließlich 1910 Frauen und 434 Männer von dieser Möglichkeit des beruflichen Quereinstiegs Gebrauch gemacht. So nutzte kurz entschlossen auch meine Mutter die verkürzte, nebenberufliche akademische Ausbildung. Hiermit qualifizierte sie sich nun zunächst durch verschiedene universitäre Kurse als Religionslehrerin und später als Lehrerin für Mathematik an Mittel- und Oberschulen.

Zu dem Zeitpunkt nun, als ich mit meinem verdorbenen Zeugnis betreten und entmutigt vor meiner akut düster geglaubten Zukunft stand, war meine Mutter mit 20 Wochenstunden angestellt an Städtischen Gymnasium der Gemeinde Hürth bei Köln.

Dem damals stellvertretenden Direktor ihrer Schule nun trug meine Mutter ihr Leid und meine desolate Lage vor, ohne meine verzichtbare Fünf im Technischen Zeichnen zu verheimlichen. In typisch rheinischer Redens- und Lebensart meinte darauf der vorgesetzte Kollege:

> *»Dem Jung muss doch jeholfen werden. Einijen wir uns doch darauf, dass ich diese dumme Fünf einfach nitt jesehen habe. Ever dat bleibt unter uns!«*

Und so konnte ich durch eine Mischung aus Wunder und einem mutwilligen und rechtswidrigen Verwaltungsvergehen eines sonst hoffentlich unbescholtenen Landesbeamten meine Schullaufbahn glücklicherweise doch noch fortsetzen.

Ich weiß heute noch nicht, was aus mir geworden wäre, wenn ich nicht in den Genuss dieser pragmatischen, aber schlitzohrigen Problemlösung gekommen wäre.

3.8 Anschluss gefunden: Endlich am Gymnasium

Was für ein Aufbruch und Neuanfang! Das Gymnasium in Hürth war in den Babyboomer-Jahren eine kleine Lernfabrik mit insgesamt fast 1.500 Schülerinnen und Schülern. Zusammen mit mir sollten 1976 immerhin 151 SchülerInnen die 13. Jahrgangsstufe besuchen. Dies lag auch daran, dass neben den vier Parallelklassen, die es seinerzeit für die Abiturklasse gab, ein neuer und zusätzlicher Strang geöffnet wurde.

Traditionelle Schulklassen mit festen Gruppen gab es ja durch die Oberstufenreform bereits nicht mehr. Nun wurde in Hürth zusätzlich eine Art Hybrid-Strang geschaffen, der sich aus ehemaligen Schülern umliegender Real-, Handels- oder Berufsfachschulen und einigen Schülern aus dem zweiten Bildungsweg zusammensetzte. Ein Jahr blieben wir als Quereinsteiger aus anderen Schulformen zumindest in einigen Hauptfächern zusammen. Dies diente dem Ziel, uns als Neuzugängen in Deutsch, Mathematik und Englisch den Anschluss zu erleichtern.

So sehr und zurecht man heute auf die Bildungspolitik in Deutschland und speziell in Nordrhein-Westfalen schimpfen mag: Damals gab es – wie das hier beschriebene Beispiel zeigt – integrative und konstruktive Ansätze von hohem Niveau.

Meine Legasthenie war an der neuen Schule bekannt. Insbesondere im Fach Deutsch hatten meine immer noch überdurchschnittlich vielen Rechtschreibfehler aber keinen Einfluss auf die Note. Die Zeit stumpfsinniger Diktate mit öden Texten aus veralteten Lehrbüchern gehörten ja ohnehin der Vergangenheit an. Immerhin war ich jetzt auf dem Gymnasium längst nicht der einzige Schüler mit LRS-Problemen und bei Weitem nicht der mit den meisten rot gefärbten Kommentaren in den üblichen Klausuren.

Warum viele LehrerInnen zwar um das Phänomen Legasthenie wussten, sich aber nicht abgewöhnen konnten, jeden Schreibfehler mit signalroter Farbe zu markieren, war mir damals wie heute unverständlich. Wurde es etwa als pädagogischer Nährwert erwartet, dass ich einige Tage nach einer Klausur voller Lerneifer meine Fehler nachträglich inspizieren und wie in der Grundschule jedes falsch geschriebene Wort dreimal richtig hinter einander schreiben würde, um mir die korrekte Schreibweise einzuprägen? Oder war es Gedankenlosigkeit und sture Routine, jeden Fehler möglichst plakativ herauszuheben? Hatte irgendjemand bei dieser Übung das Gefühl, einen didaktischen Mehrwert zu erzeugen? Vielleicht machte es manchen Lehrenden auch einfach nur Spaß, Fehler zu finden und die Beute für sich zu markieren?!

Zumindest kam ersichtlich keine Lehrkraft auf den Gedanken, wie frustrierend oder gar erniedrigend es ist, die eigenen Manuskripte voller rot gefärbter Vorhaltungen wieder in Empfang zu nehmen.

Trotz dieser Detailkritik: Nach diesem ersten Integrationsjahr war ich froh, meine Wahlpflichtfächer generell selbst bestimmen zu dürfen. So hatte ich meinen Neigungen und Interessen entsprechend folgende Kombination gewählt:

- Leistungskurse: *Deutsch* und *Biologie*
- Wahlpflichtfach: *Pädagogik*
- Wahlpflichtfach: *Geschichte*
- *Französisch* als neue, zweite Fremdsprache, um damit ein bundesweit gültiges, vollwertiges Abitur ablegen zu können.

Wie schon geschildert, hatte ich bereits auf der Berufsfachschule ungeachtet meiner LRS-Probleme die Liebe zur Literatur entdeckt. In Sachen Liebe verhält es sich jedoch bekanntlich so, dass die Intensität des Gefühls – neben der Bereitschaft sich einzulassen oder gar hinzugeben – abhängig ist von Darbietung und Faszination des geliebten Objektes. Und hier erlebte ich eine große Enttäuschung.

Sicher, unsere Deutschlehrerin war klug, belesen, engagiert und gewissenhaft. Sie war indes – zumindest für meinen Geschmack – deutlich zu überambitioniert. Neben ihrer Rolle als Deutschlehrerin engagierte sie sich in der Lehrerausbildung. Als sogenannte Fachleiterin war sie in dieser Nebenrolle für die Weiterbildung, Betreuung und Prüfung der Referendare zuständig, die später als fertige Lehrkräfte selbst Deutsch unterrichten wollten. Eine gute Freundin, die auf diese Art einige Jahre später mit ihr in Berührung kam, verriet mir, dass man sie wegen ihrer Strenge und ihres überhöhten Anspruchs unter den Referendaren als »Frau Gnadenlos« titulierte.

Wir als ihre Schüler wussten um ihre Verdienste in der Lehrerausbildung. Und so hatten wir den Eindruck, dass sie mitunter ihre Adressaten verwechselte: Hier angehende Deutsch-Lehrkräfte, dort Schüler der elften, zwölften oder dreizehnten Klasse. Dieses Gefühl wurde beflügelt durch die Auswahl der zu lesenden Literatur und deren Auswahl. Während der parallele Deutsch-Leistungskurs in der elften und zwölften Jahrgangsstufe moderne Autoren besprach oder etwa Presseerzeugnisse sprachlich analysierte, mussten wir uns durch die Romantik und Aufklärung quälen wie durch einen oft als schwülstig und gefühlsduselig empfundenen Dschungel.

3 (M)ein Leben mit Legasthenie

Begleitet von Emilia Galotti und Faust 1 und anschließend Faust 2 durften wir monatelang interpretieren, deuten, verstehen und Ehrfurcht entwickeln vor der gehobenen Literatur statt Lust und Spaß. Wurde uns damals zeitgemäße Literatur vorgestellt, wie etwa Johannes Mario Simmels »Liebe ist nur ein Wort«, so mussten wir feststellen, dass wir in unserer Meinung nicht wirklich frei waren. Natürlich haben wir pflichtgemäß unserem stillen Auftrag entsprochen und interpretierten gehorsam, dass Simmel als sogenannte »U-Literatur« einfach nur flach und keine »echte« Literatur sei. Wir wussten also durchaus, was spezielle Lehrkräfte hören wollten.

Unbestreitbar sind Schiller, Goethe und all die Klassiker auch die zeitgenössischen Autoren wichtig oder gar essenziell für ein gutes und fundiertes Wissen rund um die deutsche Sprache und Literatur. Wenn man sich jedoch nahezu ausschließlich und gefühlt ewig an diesen Protagonisten abmühen muss bis hin in jedwedes literaturwissenschaftliche Mikro- oder Nano-Detail, dann werden sie schließlich – zumal von halbwüchsigen Pennälern – nur noch als öde empfunden. Jedenfalls brauchte ich nach meinem Abitur einige Jahre der literarischen Abstinenz, bis ich mich wieder mit moderner und klassischer Literatur beschäftigen wollte; diesmal wieder aus eigenem Interesse und freien Stücken.

Eine zweite Episode aus dem Deutschunterricht machte das fundamentale pädagogische Problem deutlicher. In der zwölften Klasse gab es im Lehrplan einen großen Lichtblick: eine selbständig anzufertigende Hausarbeit – fast wie später im Studium an der Uni. Voller Interesse und Tatendrang wählte ich aus verschiedenen Angeboten das etwas sperrige Thema: »Die Rolle des Intellektuellen in den Werken: ›Die Physiker‹ von Friedrich Dürrenmatt, ›Das Leben des Galilei‹ von Berthold Brecht und ›In der Sache J. Robert Oppenheimer‹ von Heinar Kipphardt«. Ich las die drei Bücher mit Begeisterung, studierte Sekundärliteratur sowie unser häusliches Literaturlexikon und brachte meine Gedanken handschriftlich zu Papier.

3.8 Anschluss gefunden: Endlich am Gymnasium

Mit Spannung erwartete ich später mit meinen Mitschülern die Ausgabe und Benotung der eingereichten Arbeit. Als endlich meine eigene Hausarbeit an die Reihe kam, war der knappe Kommentar unserer Deutschlehrerin: »Ganz ordentlich Reinhold: Eins minus. Und wer hat Ihnen dabei geholfen?«

Ich hätte bis dahin nie gedacht, dass eine gute Note mit der kausalen Verknüpfung einer solch dummen und dreisten Frage in Sekundenschnelle zur Demütigung werden kann. So aber musste ich auch diese Lektion lernen.

Ich hatte dieses kleine Essay mit echter Motivation und großem Eifer völlig allein verfasst, ohne jede fremde Hilfe. Als Beleg hätte vielleicht das überzeugt, was mich doch immer begleitet und ausgezeichnet hatte: Meine unelegante Handschrift und meine zahlreichen Rechtschreibfehler. Mir war es dank meiner Legasthenie tatsächlich gelungen, neben anderen Fehlern durchgängig die Rolle des »Interlektuellen« zu beschreiben. Und dennoch wurde mir unterstellt, dass die Arbeit – weil wirklich gut – nicht meine eigene und alleinige Leistung sein konnte.

Ansonsten war die Gymnasialzeit geeignet, meine Legasthenie vergessen zu machen, denn bis auf wenige Ausnahmen spielte sie keine große Rolle mehr. Zu diesen Ausnahmen gehörten:

- eine verbliebene Hemmung und mein zeitweises Stocken beim Lesen von Texten in allen Schulfächern
- weiter auffällige Schreibfehler, auch wenn manch andere Mitschüler ohne Legasthenie nicht unbedingt weniger Fehler machten
- Duplizität dieser Schwierigkeiten in den Fächern Englisch und Französisch.

Ob ich gänzlich ohne Legasthenie ein weitaus besseres Abitur gemacht hätte, weiß ich heute nicht zu sagen. Schließlich bleib mein schulischer Ehrgeiz ganz unabhängig von meiner Legasthenie relativ übersichtlich. Wichtig war mir damals:

- ein Abitur zu machen, das mir ein Studium in einem nichtzulassungsbeschränkten Studium ermöglichte
- Zeit zu haben für meine Freunde und unsere Clique
- Zeit mit meiner Freundin verbringen zu können, mit der ich ab der zwölften Klasse zusammen war
- Zeit zu haben für mein erstes (Oldtimer-)Motorrad und meinen Spaß am Reparieren, Bauen, Werken und Tüfteln
- Zeit zu haben für Neben- und Ferienjobs, um Reisen nach Frankreich oder die damals unternommenen Mammut-Tour über die Türkei nach Griechenland finanzieren zu können.

Schule schien mir ein notwendiges Übel für ein später möglichst selbstbestimmtes und ein sorgenfreies Leben zu sein – jedenfalls alles andere als ein Selbstzweck. Spaß hat mir Schule nie wirklich gemacht und ich weiß nicht, ob das ohne Legasthenie grundsätzlich anders gewesen wäre.

Die meisten Lehrpläne konnten mich nicht überzeugen. Ihnen fehlte nach meinem Anspruch allzu oft der praktische Bezug zum alltäglichen Leben oder relevanten, lebensnahen Kompetenzen. Nach meiner Auffassung machte zudem nur etwa ein Drittel der Lehrer einen guten Job und überzeugte etwa durch gute Performance und eine spürbare Identifikation mit ihrem Fach. Ein zweites Drittel machte einen akzeptablen, aber routinehaften Job, zeigte aber zumindest Interesse an ihren Schülern und deren Entwicklung. Das letzte Drittel war ausgebrannt, hatte gesundheitliche oder psychische Probleme und machte schlicht Dienst nach Vorschrift.

Wenn ich Zuhause mit meiner Mutter über die Schule sprach, dann meinte sie als Reflex auf meine Klagen oft, dass ich mich später – genau wie sie selbst – gerne an meine Schulzeit erinnern werde. Irgendwann, prognostizierte sie, werde ich resümierend feststellen, dass dies die schönste und unbeschwerteste Zeit des Lebens gewesen sei. Ich habe ihr damals widersprochen und tue es noch heute. Und das hat nur sehr bedingt etwas mit meiner Legasthenie zu tun.

Es lag vielmehr daran, dass ich Schule mehr als Fremdbestimmung erlebte, als Pflichtveranstaltung und weitaus seltener als Ort der Entfaltung, der Entwicklung und eines einladenden Angebotes an relevantem Lernstoff. Möglicherweise ist das mein Problem oder meine persönliche Enttäuschung und nicht ein grundsätzliches Dilemma der Schule. Dennoch hoffe ich, dass die Schule von heute den Schülern von heute – mit und ohne Legasthenie – mehr von dem bieten möge, was ich zu meiner Zeit so vermisste.

3.9 Motiviert durchstarten: Ein befreiendes Studium

Nach dem Abitur und dem Zivildienst sollte es, so der Plan, nach Bayern gehen, genauer nach Freising und geographisch exakt nach Weihenstephan. Dort wollte ich ältere und neuere Neigungen miteinander kombinieren.

Einerseits war es der seit meiner Kindheit vorhandene Wunsch, Ingenieur zu werden. Andererseits hatte ich mit meinem zweiten Leistungskursfach Biologie ein neues Feld aufgetan. In einem Buch zur Studien- und Berufswahl war ich fündig geworden und hatte das Studienfach »Lebensmittel-/Brauereitechnologie« entdeckt. Hier schien Ingenieurstudium und Biologie wunderbar kombinierbar. Und so hatte ich bereits während den letzten beiden Jahren am Gymnasium während der Ferienzeit zusammengerechnet etwa drei Monate Praktikum in verschiedenen Brauereien in Köln und Umgebung abgeleistet. Die Praktika wurden sogar tariflich entlohnt, das Umfeld gefiel mir, die Produktionsverfahren waren interessant sowie traditionsreich und das Endprodukt ließ sich sehen und schmecken. Also stand der Entschluss fest.

Mein Zivildienst in Freising diente im Nebeneffekt dazu, das benachbarte Weihenstephan kennenzulernen und ebenso die dort angesiedelte Universität mit der Fakultät für Brau- und Getränketechnologie. Hier lag mit Blick auf das Gehrungsgewerbe Deutschlands erste Adresse. Nur aus diesem Grund hatte ich schließlich Freising als Standort für meinen Zivildienst gewählt. Während meines 1,5-jährigen Aufenthaltes wurde mir jedoch klar, dass ich aus verschiedenen Gründen in Freising beziehungsweise dem angrenzenden Weihenstephan vermutlich nicht glücklich werden würde.

Das seinerzeit tiefschwarze, stockkonservative bayerische Freising gefiel mir politisch ganz und gar nicht. Mich wegen meines Zivildienstes und der damit verbundenen Wehr- beziehungsweise Kriegsdienstverweigerung selbst von Kollegen im Bayerischen Roten Kreuz als »Vaterlandsverräter« bezeichnen lassen zu müssen, empfand ich als absolut indiskutabel. Zudem lerne ich einige Studenten aus der Lebensmittel-Fakultät kennen. Sie berichteten von unnahbaren Professoren, einer Überfülle an Lernstoff und sehr strengen Prüfungen. Um diesen Parcours von Hindernissen zu bewältigen, entschlossen sich nicht wenige Studierende, einer der zahlreichen schlagenden Burschenschaften beizutreten.

In diesen Verbünden gab es Förderung, Nachhilfeunterricht und sogar sehr preiswerte Studentenzimmer. Zumindest männliche Studierende hatten damit hilfreiche Seilschaften und Netzwerke, denn alle farbentragenden Burschenschaften nahmen traditionsgemäß nur männliche Mitglieder auf. Die meisten waren schlagende Verbindungen, bei welchen Fechtkämpfe mit scharfen Waffen, Narben und mannhafte Blutopfer zum Ritual gehörten. Und da auch einige Hochschulassistenten und Professoren Verbindungsbrüder beziehungsweise sogenannte »alte Herren« waren, gestaltete sich das Studium als Mitglied einer Verbindung sehr viel geschmeidiger.

Die Wahl zwischen Mega-Stress und dem puren Opportunismus dünkelhafter Männerbünde empfand ich als abschreckend. Zudem hatte ich nicht über eineinhalb Jahre vor Ausschüssen, Gerichtskammern und zuletzt vor dem Verwaltungsgericht in Köln meine Kriegsdienstverweigerung durchgeboxt, um nun angetrunken und Testosteron-getrieben auf einem Paukboden mit fremden Korps-

Brüdern Degenkämpfe mit scharfen Waffen auszufechten. Nach meiner Zeitrechnung lebten wir im 20. und nicht in der Mitte des 18. Jahrhunderts.

Also hieß es 1978 Abschied nehmen aus dem beschaulichen, aber damals mehr als hinterwäldlerischen Freising. Und so blieb – zumindest in der Welt der Universitäten – nur eine Alternative: das Institut für Gärungsgewerbe und Biotechnologie an der Technischen Universität in Berlin, das im Hauptstudium auch die Fachrichtung Brauwesen anbot. Also auf nach Berlin!

Hier jedoch scheiterte ich schneller, aber nachhaltiger, als es zu befürchten war. Wobei es mir heute vorkommt, dass es im Nebenaspekt eine positive Folge ist, dass man mit seiner Legasthenie das Scheitern gründlich gelernt hat und damit umzugehen weiß. Davon später noch mehr.

Der offensichtlichste Grund des Scheiterns lag in einem Fach namens »Mathematik für Chemiker«, das für drei Semester Pflicht war. Es hatte wirklich keinerlei erkennbaren Bezug zur Chemie oder gar zum Gärungsgewerbe und wurde von einem offensichtlich autistischen Assistenten geleitet. Dieser stand in jeder Vorlesung 45 Minuten mit dem Rücken zum Hörsaal und malte mit schreiend quietschender Kreide unaufhaltsam Zahlen und Hieroglyphen an die Tafel. Verbindungen zum gelernten Stoff aus dem Gymnasium waren zumindest für mich nicht erkennbar. Zwischenfragen waren nicht erlaubt, auch wenn das Gebrabbel des Künstlers an der Tafel mal wieder unverständlich wurde.

So dämmerte mir leise, dass ich dieser Art von unterirdischem Unterricht keine drei Semester gewachsen sein würde. Zudem begann bereits im ersten Semester unter den Studierenden ein unschöner Wettbewerb, der sich vor allem im Labor der anorganischen Chemie in ein Ausgrenzen und Gegeneinander steigerte. Gemeinsam mit vier Kommilitonen beendete ich aus diesen und weiteren Gründen diese Episode. Ich beschloss, die Prozesse und Erzeugnisse des Gärungsgewerbes fortan nicht mehr aus akademischer Sicht zu betrachten, sondern nur noch auf Basis eines geneigten Verbrauchers.

Vor und nach meinem Abitur hatte ich keine Probleme, mir geeignete Studienfächer oder Berufe vorzustellen, im Gegenteil. Es gab so viel Interessantes, was mich neben technischen Fächern gereizt hätte: Architektur, Psychologie, Journalismus, Medizin. Bei der Architektur scheute ich jedoch die Mathematiklastigkeit, Psychologie schien mir spannend, aber zu theoretisch und zu abgehoben und aus praktischer Sicht erst nach einer psychotherapeutischen Zusatzausbildung anwendbar. Obendrein war Psychologie mit einer Zulassungsbeschränkung versehen. Journalismus schien mir durch meine im Hintergrund immer noch deutlich spürbare Legasthenie zu gewagt. Und bei Medizin drohte neben der Zulassungsbeschränkung ein Studium, das zumindest im Grundstudium stumpfes Pauken und Auswendiglernen ohne lebensrelevante Bezüge erforderte. Mir war klar, dass ich dem möglicherweise intellektuell, jedenfalls ziemlich sicher nicht praktisch, disziplinär und von meiner Merkfähigkeit her gewachsen sein würde.

Und so kam ich nach kurzer Besinnung und Suche auf einen Studiengang, der praktischerweise auch noch in dieser Form ausschließlich in Berlin angeboten wurde. Als Mitnahmeeffekt bleib es mir damit erspart, als Versager und Studienabbrecher schmachvoll zurück in Heimat und zurück zur Familie fliehen zu müssen.

Ich entschied mich für einen Diplomstudiengang der Erziehungswissenschaft an der Freien Universität Berlin. Erleichtert wurde mir diese Entscheidung, weil ich Pädagogik am Gymnasium bereits als Wahlfach kennen und schätzen gelernt hatte. Mit dem Studienschwerpunkt Sozialpädagogik wurde dort ein sehr praxisorientiertes Studium angeboten. Es gab einen üblichen Pflichtkanon theoretischer Fächer, aber auch die Gelegenheit, bei den Psychologen oder Soziologen und selbst in einem »Studium Generale« diverse Wahl- und Pflichtwahlfächer zu belegen.

Mit den zahlreichen Verästelungen in meinem Lebenslauf, dem 18-monatigen Zivildienst und dem ersten Fehlschuss im Studium war ich als Studienanfänger mittlerweile stolze 25 Jahre alt. Dafür erschloss sich mir – wenngleich etwas später als gewöhnlich – nun ein intellektuelles Paradies. Ich konnte meine Fächer frei wählen.

3.9 Motiviert durchstarten: Ein befreiendes Studium

Schließlich war ein Hochschulstudium zu meiner Zeit weit weniger verschult, als dies heute der Fall ist. Trockene, aber unverzichtbare Theorie, wie etwa Empirie und Statistik, wurde praxisorientiert vermittelt. Wir Studierenden planten selbst eine Befragung unter den Studierenden und werteten sie mit heute mittelalterlich anmutenden Lochkarten sowie dem Statistik- und Analyse-Programm SPSS am Computer aus. Das Hauptstudium lockte dann mit einem integrierten Praktikum, das seitens unseres Institutes mit professioneller Fallbesprechung und extern durchgeführter Supervision begleitet wurde.

Es war wie im Traum! Das Grundrecht auf Freiheit von Wissenschaft und Lehre schien verwirklicht; nur diesmal nicht ausschließlich für die Professorenschaft gedacht, sondern ebenso für mich als kleinen Studenten. Ich war erwachsen, frei und selbstbestimmt. Ganz anders als in der Schule mit deren geistiger und Lehrplan-fixierter Gängelei. Ich hatte nun im Studium plötzlich eine Ahnung davon, warum und wofür ich lernte. Durch Lernen mit Selbstbestimmung und Motivation ergaben sich sichtbare Erfolge in Seminaren, Übungen oder Klausuren wie von Geisterhand von ganz alleine.

Hätte es ein entsprechendes Stipendium gegeben, ich hätte diese Art von Lernen, Arbeiten, Kooperieren, Diskutieren und Ausprobieren bis zum Rentenalter weiterbetrieben. Im Gegensatz zur Annahme meiner Mutter, irgendwann würde ich die Schulzeit als die schönste Zeit des Lebens erkennen, war für mich die Zeit des Studiums der unbeschwerteste, konstruktivste, freiste und freudvollste Lebensabschnitt.

Aber auch hier gab es einen Rückschlag, der auf meine Legasthenie zurückzuführen war: Damals wie heute gab es an unserem Institut neben dem Job als studentische Hilfskraft eine gleichfalls entlohnte Funktion als Tutor oder Tutorin. Als solcher hatte man im Hauptstudium die Aufgabe, insbesondere die Kommilitonen der ersten Semester zu unterstützen und den zugeteilten ProfessorInnen zu assistieren bei Seminaren oder Einführungsveranstaltungen. Nach einem guten Vordiplom hatte ich mich bei einem der

Hochschullehrer unseres Institutes für eine Stelle als Tutor beworben. Gegen Ende eines insgesamt erfolgversprechenden Vorstellungsgespräches dachte ich, dass es fair angezeigt wäre, meine Legasthenie offen anzusprechen. Eben dies tat ich, wenn auch mit der Bemerkung, dass die Häufigkeit meiner Fehler nicht wirklich gravierender sei als die üblichen Flüchtigkeitsfehler vieler Studierenden.

Im Anschluss an meine Einlassung merkte ich sogleich, wie das freundliche Lächeln im Gesicht des Professors verschwunden war und sich in Sorgenfalten und einen missfälligen Ausdruck verwandelt hatte. Und so sagte er daraufhin ebenso spontan wie ehrlich, dass er sich unter dieser Bedingung nicht vorstellen könne, mich als Tutor zu beschäftigen.

Ausgerechnet ein Professor der Sozialpädagogik hatte noch einmal nachdrücklich klargestellt, dass ich dank meiner Legasthenie einfach nicht wirklich dazugehören sollte. Ich war vermeintlich doch zu behindert und letztlich untauglich für verantwortungsvolle Aufgaben.

Diese Episode berichte ich bewusst auch vor dem Hintergrund, dass oft gesagt und geschrieben wird, man solle sich als Betroffener offen, ehrlich und selbstbewusst zu seinem schließlich nicht gravierenden Handikap bekennen. Persönlich kann ich nur anraten, dies nicht naiv oder unreflektiert zu tun. Besser erscheint mir, mit einem solchen Bekenntnis bedacht und eher vorsichtig umzugehen.

Aber schließlich gibt es ja immer, wie bereits rund um meine Abiturzeit, noch diese bekannten kleinen Lichter, die daherkommen, wenn man es nicht mehr erwartet – so auch hier.

Ich hatte während des Studiums durch meinen Zivildienst im Notarzt- und Rettungsdienst und die damit verbundene Ausbildung zum Rettungssanitäter die Gelegenheit, in verschiedenen Krankenhäusern zu arbeiten und meine spärliche Ausbildungsförderung etwas aufzustocken. Auf verschiedenen Intensivstationen war ich als sogenannter Extrawächter eingesetzt. Als solcher war

3.9 Motiviert durchstarten: Ein befreiendes Studium

es meine Aufgabe, einzelne schwerstkranke, oft künstlich beatmete oder Dialysepatienten zu betreuen, um die examinierten Pflegekräfte und Ärzte zu entlasten. Diese Einsätze fanden meist als Nachtdienst statt, vorzugsweise während der Semesterferien, an Feiertagen oder Wochenenden.

Und so kam es, dass ich nach einem Nachtdienst am frühen Montagmorgen während der Kasuistik-Veranstaltung meines Professors an der Universität mitunter fehlte oder zumindest zeitweise durch die Müdigkeit nach einem Nachtdienst mehr physisch als mental anwesend war.

Just dieser Professor ließ mich eines Tages über seine Sekretärin wissen, dass er mich zu sprechen wünsche. Mit der Vorahnung, nun mindestens eine Ermahnung für Fehlzeiten oder meine unzureichende Teilnahme zu kassieren, begab ich mich zum vereinbarten Termin.

Vorsichtshalber begann ich das Gespräch gleich mit einer reumütigen Erklärung, gab mich zerknirscht und erklärte das Dilemma mit meinen Nachtwachen. Der Professor – ein optisches Ebenbild Sigmund Freuds und ebenfalls nebenbei praktizierender Psychoanalytiker – grummelte kurz etwas wie Verständnis, meinte aber, dass dies nicht der Grund des Gespräches sei. Vielmehr sei ich ihm bei unseren Fallbesprechungen als angenehm, analytisch denkend und konstruktiv aufgefallen. Nun würde sein persönlich zugeteilter Tutor examensbedingt ausscheiden und er wolle mir das Angebot machen, dessen Nachfolge anzutreten.

Nun war ich hoch erfreut und ebenso überrascht – um nicht zu sagen perplex. Dennoch wollte ich es jetzt wissen: Und so berichtete ich ihm von meiner Legasthenie, einschließlich meiner Abfuhr bei seinem Professoren-Kollegen, der immerhin am selben Institut lehrte. Er aber meinte daraufhin, dass meine Legasthenie zwar nicht unbedingt nützlich sei, dass wir dies aber mit Sorgfalt und Unterstützung durch seine Sekretärin handhaben könnten. Schließlich könne diese ja – wenn notwendig – wichtige Texte noch einmal auf Fehler durchsehen und korrigieren. Und so trat ich kurz darauf tatsächlich doch noch meine Tutorenstelle an.

In dieser neuen Funktion war ich auf einmal dafür verantwortlich, das Curriculum für die Veranstaltung »Einführung in die Sozialpädagogik« mitzugestalten und mit interaktiven und audiovisuellen Inhalten anzureichern. Gleichzeitig sollte ich die KommilitonInnen aus den Erstsemestern darin unterweisen, Referate zu halten und Hausarbeiten zu schreiben. Zwar konnte ich als Student im Hauptstudium beides selbst mittlerweile einigermaßen gut. Dies aber lehrend und anschaulich anderen zu vermitteln war eine Herausforderung, bei der ich selbst noch viel lernen konnte.

Nach einer wunderbaren und unbeschwerten Zeit des Studiums sowie meiner erfüllenden Nebentätigkeit beendete ich schweren Herzens meine universitäre Ausbildung. Auch diesmal nicht als Überflieger, aber mit einer mich zufriedenstellenden 1,7 als Endnote.

Auf Anraten meines Vaters bewarb ich mich nach den Prüfungen mit meiner Diplomarbeit »Sozialpädagogische Interventionen im Gesundheitswesen« an der Ausschreibung des »Marie-Baum-Preis für soziales und kulturelles Engagement«. Und einige Monate später sollte ich in diesem Wettbewerb ganz nebenbei immerhin den dritten Platz erzielen und das hiermit verbundene Preisgeld von damals immerhin 500 DM abräumen. Das war nun wahrlich kein Pulitzer- oder Goethe-Preis, aber jetzt konnte nach Beendigung des Studiums dennoch ganz entspannt und immerhin ein wenig preisgekrönt der Ernst des Lebens beginnen.

3.10 Angekommen: Erfüllung finden im Beruf

Durch die Verbindung meines Studiums der Pädagogik und der Arbeit im Krankenhaus kam es, dass mich Kollegen ansprachen. Unsere Gruppe verband, dass wir schon während und nach dem Studium als Familien- und Einzelfallhelfer tätig waren. Wir betreuten als angehende oder bereits examinierte Pädagogen oder Psychologen noch während des Studiums im Auftrag verschiedener Berliner Bezirksämter benachteiligte Familien oder einzelne Kinder- und Jugendliche.

Diese KollegInnen berichteten mir, dass die Berliner Universitäts-Kinderklinik jemanden suchte, der als Pädagoge ein Schulungsprogramm für Kinder- und Jugendliche entwickeln sollte. Ziel sollte es sein, den jungen Betroffenen ihre Erkrankung altersgerecht so begreiflich zu machen, dass es ihnen leichter fallen möge, ihre Krankheit zu verstehen, sich an der Behandlung aktiv zu beteiligen und schließlich ihre Erkrankung zu akzeptieren.

Als mit medizinischen Aspekten aus meiner Krankenhaustätigkeit vertrauter Pädagoge – so meinten die Kollegen – sei ich doch hierfür gut geeignet. Ich nahm also Kontakt mit der Kinderklinik auf, stellte mich mit meiner Diplomarbeit unter dem Arm den Entscheidungsträgern der Klinik persönlich vor und ließ mir die Aufgaben und Hintergründe dieser Stelle erklären.

Das mit der Position verbundene Aufgabenpaket empfand ich zunächst als zumindest respekteinflößende Herausforderung. Erstens war ich kein ausgewiesener Entwicklungspsychologe und zweitens hatte ich in diesem Projekt nicht nur einen Chef, sondern insgesamt gleich eine Handvoll. Fünf Chef- oder OberärztInnen, die sich als Kinder- und Jugend-Diabetologen einen Namen gemacht hatten, standen als »Götter und Göttinnen in Weiß« diesem Projekt vor. Die Komplexität der Aufgaben und die Rahmenbedingungen ließen mich ebenso zweifeln wie das Wissen um die damit verbundenen Textbearbeitungen, welche mich sicher wieder mit meiner Legasthenie konfrontieren würden. Aber nach einer längeren Bedenkzeit sagte ich endlich zu und fand mich kurz darauf mit ein wenig Stolz und großer Ehrfurcht vor der neuen Aufgabe wieder als wissenschaftlicher Mitarbeiter der Universitäts-Kinderklinik. Meine Bedenken und Sorgen verflüchtigten sich nach und nach. Schließlich hatte ich nichts zu verlieren, denn Scheitern und Versagen hatte ich in der Schule und beim ersten Studium gelernt. Was also konnte mir ernsthaft passieren?

3 (M)ein Leben mit Legasthenie

Nun hieß es, in Kooperation mit einer Kollegin aus einem anderen Forschungsinstitut, ein neues Programm zu erarbeiten, mit den medizinischen Experten abzustimmen und so umzusetzen, dass es in Form neuer Schulungsmaterialien Kliniken, die mit diabetischen Kindern und Jugendlichen arbeiteten, zur Verfügung gestellt werden konnte.

Hinzu kam, dass von einem wissenschaftlichen Mitarbeiter erwartet wurde, dass er Artikel schreibt und veröffentlicht. Auch das gehörte also zu meinen Aufgaben. Aber es schreckte mich nicht, weil Schreiben oder auch das Halten von Vorträgen durchaus zu den Dingen zählten, die ich sehr gerne ausführte und zu denen ich als Tutor an der Uni bereits erste Erfahrungen sammeln konnte.

Insgesamt erfüllten mich diese Tätigkeiten, und es machte mir sehr viel Freude mit Kindern, Jugendlichen, Eltern und dem klinischen Fachpersonal zu arbeiten. Später sollte ich dann in einem Anschlussjob vergleichbare Schulungen und Materialien für Kinder und Jugendlichen und deren Eltern organisieren, die unter Asthma, Allergien und Neurodermitis litten.

Das Leben mit Legasthenie war in jenen Jahren um ein Vielfaches leichter geworden. Bereits um die Zeit der Erstellung meiner Diplomarbeit hatte sich der persönliche Computer unter seinem Kurznahmen PC überall durchgesetzt. Nun gab es kein Tipp-Ex mehr, mit dem man Fehler auf dem Papier überpinseln musste. Stattdessen konnte man mit einem Mausklick und der Tastatur selbst erkannte Fehler schnell und diskret ungeschehen machen.

Und es kam noch viel besser: Kurz darauf hielt die für Menschen mit Legasthenie beste Errungenschaft seit der göttlichen Erfindung des Wochenendes seinen Einzug in das Arbeitsleben eines Menschen mit Legasthenie: das Rechtschreib-Korrekturprogramm.

Zu der Aufgabe, ein Schulungsprogramm für Kinder und Jugendliche mit Diabetes oder atopischen Erkrankungen zu entwickeln, gehörte auch die Aufgabe, medizinisches Fachpersonal weiterzubilden. Ärzte, Pfleger, Schwestern, Diätassistentinnen oder die später entstehende Berufsgruppe der Diabetes- oder Asthmabe-

rater sollten und wollten lernen, wie Kinder altersgemäß geschult, beraten und begleitet werden können.
Diese spannende Aufgabe führte mich dann über die Erwachsenenbildung zu einem neuen Aufgabenbereich: der Personalentwicklung. Hier geht es speziell darum, Fachkräfte weiterzubilden in Bereichen wie Unterrichtsgestaltung, Kommunikation, Beratung oder Patienten- oder Personalführung sowie den richtigen Umgang mit Konflikten im Berufsleben. In diesem breiteren Gebiet der Personalentwicklung folgten später weitere berufliche Entwicklungen und Etappen:

- Als pädagogischer Koordinator durfte ich gemeinsam mit Hochschullehrern der medizinischen Fakultät in Berlin mitwirken an der Erstellung eines Lehrplans (Curriculum) für ein neu konzipiertes, reformiertes Medizinstudium. In dieser Zeit lernte und lehrte ich neue Lehr- und Lernformen wie das Problem- oder Lösungsorientierte Lernen. Im Rahmen meiner Aufgaben durfte ich unterrichten, referieren und publizieren und HochschullehrerInnen in pädagogischen Belangen der Lehre weiterbilden.
- Nebenbei promovierte ich an der Technischen Universität in Berlin über die Schulung von Kindern und Jugendlichen mit chronischen Erkrankungen zum Doktor der Philosophie (Dr. phil.).
- Nach elf Jahren als wissenschaftlicher Mitarbeiter auf zeitlich befristeten Stellen wechselte ich 1996 zu meiner ersten unbefristeten Stelle als Bildungsbeauftragter und Leiter der Personalentwicklung zum Deutschen Zentrum für Luft- und Raumfahrt (DLR). Hier, in meiner Heimatstadt Köln, war ich zusammen mit bis zu elf MitarbeiterInnen zuständig für die berufliche Erstausbildung sowie die fachliche und fachübergreifende Weiterbildung der seinerzeit 5.500 administrativen, technischen und wissenschaftlichen Beschäftigten an den damals acht bundesdeutschen Standorten des DLR.
- Nach vier Jahren in dieser Position verlies ich den sicheren Hafen des öffentlichen Dienstes und machte mich Anfang des Jah-

res 2000 selbstständig. Jetzt war ich freiberuflich in Köln, Bonn und seit 2012 wieder in Berlin tätig als Berater, Trainer, Coach und Mediator. Meine Beratungen konzentrieren sich auf die Themen Kommunikation, Mitarbeiterführung, Team-, Zeit- und Selbst-Management und Konfliktmoderation. Meine Kunden sind heute neben Einzelpersonen, Unternehmen, öffentlich-rechtliche Organisationen und vor allem wissenschaftliche Einrichtungen wie Hochschulen oder Institutionen aus den Forschungsverbünden in Deutschland und Österreich.

- Nebenbei war ich lange als Dozent für einige (Fach-)Hochschulen tätig sowie als Fachbuchautor rund um meine genannten Themenschwerpunkte.

In all diesen beruflichen Kontexten habe ich meine Erfüllung gefunden. Insbesondere als freiberuflich tätiger Berater, Trainer und Coach konnte ich mein Arbeitsleben weitgehend selbst bestimmen. Schließlich war mir ein großer Anteil von Selbstbestimmung und Freiräumen immer ein wichtiges Anliegen.

Über 20 Jahre konnte ich meine Arbeitszeiten und Schwerpunkte selbst gestalten. So habe ich beispielsweise über viele Jahre hinweg nur etwa neun Monate im Jahr in Beratungs- oder Trainings-Projekten oder in Form klassischer Büroarbeit gearbeitet. Etwa zwei zusammenhängende Monate des Jahres habe ich – meist während der in Mitteleuropa eher ungemütlichen Monate Dezember und Januar – meine Auszeiten genommen. Ich nannte diese Arbeitspausen oder »Sabbaticals« meine »Kreativ-Auszeit« oder meinen »Tulaub«. Letzteres stand für meine Reisen in Kombination mit meiner Absicht, in dieser Zeit der räumlichen Abwesenheit aktiv zu sein und etwas Produktives zu tun.

So habe ich über viele Jahre hinweg jedes Jahr einige Wochen in Indien, Südost-Asien oder in südlicheren Gefilden wie Spanien, Portugal oder Italien zugebracht. Neben ein wenig Globetrotter-Leben nutzte ich diese Auszeit, um Konzepte zu entwickeln, Ideen reifen zu lassen oder vor allem auch um Bücher zu schreiben. Schließlich lassen sich Bücher oder Artikel auch an Orten schreiben, die freundlicher, sonniger und wärmer sind als mitteleuropäische Gefilde in trüben Winterzeiten.

Wenn ich mit meinen heute nun 65 Jahren zurückdenke an die Zeit rund um das anstehende Abitur, dann denke ich an all jene Berufsbereiche, die mich seinerzeit besonders interessierten:

- ich wäre gerne Arzt geworden – insbesondere nach meiner Zeit im Jugendrotkreuz und als Zivildienstleistender im Notarzt- und Rettungsdienst
- der Beruf des Journalisten reizte mich sehr
- Psychologie fand ich an sich sehr interessant; wenn auch als Studium zu »trocken« durch den meist eher geringen Praxisbezug; zudem bestand eine Zulassungsbeschränkung mit einer geforderten Abiturnote, bei welcher ich nicht mithalten konnte
- natur- und ingenieurwissenschaftliche Themen faszinierten mich sehr.

Meine Legasthenie hat mir einige dieser Optionen direkt und indirekt nahezu unerreichbar gemacht. Mein holpriger Weg, zu einem mittelmäßigen Abitur zu kommen, ließ mich ein Medizinstudium vergessen lassen. Die Idee, als Mensch mit Legasthenie Journalist zu werden, empfand ich als zu gewagt. Ein natur- oder ingenieurwissenschaftliches Studium schied aus verschiedenen Gründen ebenfalls aus.

Zurückblickend auf meine beruflichen Wunschvorstellungen, denen ich mit Anfang 20 nachhing, habe ich trotz aller Hindernisse letztlich alle diese unterschiedlichen Bereiche in meinem späteren Berufsleben miteinander verknüpfen können. Wenn also die Auswirkungen der Legasthenie meine Schullaufbahn sehr bizarr gestaltet und ein systematisches, aufeinander aufbauendes Lernen behindert hat, so hatte meine eher schräge »Karriere« durchaus positive Nebenwirkungen. Meine Legasthenie scheint Goethes Bestimmung des Mephisto zu bestätigen, als »... ein Teil von jener Kraft, die stets das Böse will und stets das Gute schafft«.

3 (M)ein Leben mit Legasthenie

Durch meine verschiedenen beruflichen Tätigkeiten habe ich aus dem Reigen der frühen Interessen und Neigungen im Sinne dieses Guten immerhin folgendes verbinden können:

- statt eines Studiums der Medizin habe ich elf Jahre im medizinischen Umfeld gearbeitet und drei Jahre davon als Pädagoge mit der Aufgabe, die Lehr- und Lernmethoden innerhalb der Medizinerausbildung zu optimieren und ein neues Curriculum für die Ausbildung von Ärztinnen und Ärzten mitzugestalten
- statt Journalismus zu studieren habe ich sieben Bücher geschrieben, drei davon in mehreren Auflagen, sowie einige Buchbeiträge als Ko-Autor. Daneben konnte ich in verschiedenen Zeitschriften seit Ende meines Studiums bis heute mehr als 35 Fachartikel veröffentlichen
- statt Psychologie zu studieren, habe ich mich nebenberuflich weitergebildet in systemischer Beratung, Coaching und Supervision und konnte so über 20 Jahre als Berater, Coach und Konfliktmoderator arbeiten und meinen Lebensunterhalt bestreiten
- statt ein ingenieur- oder naturwissenschaftliches Studium zu absolvieren habe ich vier Jahre in Deutschlands größer ingenieurwissenschaftlichen Forschungseinrichtung – dem Deutschen Zentrum für Luft- und Raumfahrt – gearbeitet und ungezählte (naturwissenschaftliche) Einrichtungen als Berater kennengelernt. Dabei hatte ich viele und zum Teil auch vertiefte Einblicke und unglaublich spannende und faszinierende ingenieur- oder naturwissenschaftliche Forschungsfelder.

Insofern konnte die wirklich verzichtbare und mitunter für das eigenen Selbstwertgefühl tendenziell durchaus schädliche Legasthenie meine persönliche Erfüllung nicht wirklich gefährden oder gar verhindern. Hierzu später mehr in meinem persönlichen Fazit.

3.11 Doppelt anders: Meine Legasthenie heute

Ich bin mir bezüglich meiner LRS-Unzulänglichkeiten insofern treu geblieben, als dass ich auch heute noch die klassischen Symptome von Legasthenie aufweise. Dazu gehören:

- häufig *vertausche ich etwa die Buchstaben* g und d, b und d, b und p usw. – und das nicht nur handschriftlich, sondern selbst auf der Tastatur des PC
- oft *setze ich Buchstaben, wo sie mir passend erscheinen*, aber nicht hingehören (z. B. »zahrt« satt zart); manchmal denke ich dann, dass ich zusammen mit andern Legasthenie-Kollegen die nächste Rechtschreibreform verantwortlich leiten sollte, dann würde die deutsche Rechtschreibung jedenfalls phonetischer und gefühlvoller ausfallen
- umgekehrt *lasse ich Buchstaben weg* oder die Pünktchen bei den Umlauten; bei Letzterem beneide ich dann die Schweizer Nachbarn, die keine Umlaute und auch kein Eszett brauchen
- beim Schreiben meiner Texte *fehlen öfter Buchstaben oder Silben*
- *Groß- und Kleinschreibung* sind des Öfteren falsch u. a. m.

Verbunden sind diese Fehler mit folgenden Auffälligkeiten:

- mir unterlaufen auch häufiger *Zahlendreher* (z. B. 1948 statt 1984)
- hin und wieder *verwechsele ich links und rechts* (Gott-sei-Dank nicht beim aktiven Autofahren)
- mein *Kurzzeitgedächtnis ist löchrig* beim Merken von Namen und beim Lernen von Vokabeln, wenn ich mich nicht sehr bewusst intensiv konzentriere oder mir Notizen mache.

Wie jeder Betroffene habe ich auf meine Weise sozusagen meinen persönlichen legasthenischen Fingerabdruck.

Die Häufigkeit meiner Fehler ist und bleibt mit zwei Randaspekten verbunden: Wenn ich mehr *Zeit und Ruhe* habe, mache ich weitaus weniger Fehler und umgekehrt. Dabei erkenne ich heute – wenn ich entspannt bin – beim eigenen Korrekturlesen meine eigenen Fehler viel besser, als dies früher der Fall war.

Heute habe ich meine Legasthenie in meiner Selbstwahrnehmung ganz gut im Griff. Ich denke, dass den meisten Menschen meine LRS-Problematik deshalb nicht wirklich auffällt. Dies hat verschiedene Gründe:

- meine Form der Legasthenie war und ist in ihrer Ausprägungsform relativ gemäßigt
- ich unterziehe alle meine Texte – sofern möglich – einem Rechtschreib-Korrekturprogramm, auch E-Mails, SMS oder in Texten der wenigen Sozialen Medien, die ich nutze
- je nach Relevanz, Wichtigkeit und Adressaten lese ich meine Texte, ein-, zwei- und dreimal Korrektur – auch wenn ich ein Rechtschreib-Korrektur-Programm nutze –, weil auch dieses bei Weitem nicht alle Fehler findet (insbesondere das Korrekturprogramm aus MS-Office)
- wichtige Text lasse ich nach Möglichkeit einen oder mehrere Tage liegen. Mit etwas zeitlichem Abstand fallen mir Fehler öfter und schneller auf
- ich versuche, mir insbesondere beim Schreiben und vor allem beim Korrekturlesen Zeit zu lassen; im Entspannungsmodus entstehen weniger Fehler und vorhandene Fehler werden sichtbarer
- bei wichtigen und hochoffiziellen Texten lasse ich meine Frau, gute Freunde oder Kollegen Korrektur lesen
- bei Büchern oder Fachartikeln entfällt das Problem, da in der Endbearbeitung immer Lektoren am Werk sind. Diese bestätigen mir im Übrigen, dass die Fehlerquote in meinen Manuskripten im Vergleich mit anderen Autoren nicht exorbitant höher ist.

Das einzig unsichere Terrain sind für mich heute meine Live-Auftritte in Seminaren, Trainings und Moderationen. Hier gilt es häu-

3.11 Doppelt anders: Meine Legasthenie heute

fig etwas schriftlich festzuhalten, meist auf einer heute üblichen Flipchart oder einer (virtuellen) Whiteboard. Denn vor Publikum hilft leider kein Korrekturprogramm. Jetzt heißt es: Augen auf und durch!

Dabei hilft mir Folgendes:

- bei komplizierten Wörtern kürze ich ab oder schreibe etwas undeutlicher, wenn ich bei der Schreibweise spontan unsicher bin
- bei längeren Texten schreibe ich nicht auf einer Tafel oder einer Flipchart, sondern auf meinem Laptop, wobei ich den Text dann mit einem Beamer an die Wand projiziere. Hier hilft mir wieder mein Korrekturprogramm. Dass Fehler entstehen, ist bei dieser Darstellungsform ohnehin offensichtlich, weil ich mit zwei Fingern tippe, gleichzeitig moderiere und Augenkontakt zu den Teilnehmern halten muss
- noch besser ist diese Variante, wenn ich einem Teilnehmer oder einem Assistenten diese Aufgabe delegieren kann, um mich dann mehr der Moderation oder dem Vortrag widmen zu können
- je nach Publikum sage ich – wenn es passend wirkt – ganz offen, dass ich wie Einstein, Goethe, Picasso und König Carl Gustav von Schweden von Legasthenie betroffen bin
- ich stehe einfach zu meinen Fehlern in dem Wissen, dass auch andere Menschen beim zügigen Schreiben auf größeren Flächen und/oder vor Publikum mehr Fehler machen
- das Wichtigste ist meine innere Haltung: Fehler sind nicht tödlich, katastrophal, schlimm, peinlich. Ich mache mehr Fehler als andere. Na und?! Nobody is perfect! Ich muss es auch nicht sein. Und wenn ich entspannt bin und nicht aufgeregt im Fehler-Vermeide-Modus, dann mache ich alleine deshalb einfach weniger falsch. Und die paar wenigen unvermeidbaren Fehler – die gönne ich mir einfach!

3.12 Lektion gelernt: Mein persönliches Fazit

Wie auch andere Menschen mit Legasthenie zu berichten wissen, ist für Betroffene die Kindheit und insbesondere die Schulzeit eine mitunter schwierige Episode. Beim Schreiben oder Lesen und insbesondere bei Diktaten werden Konfrontationen mit der eignen Unzulänglichkeit zur Herausforderung und manchmal zur Tortur. Die Erkenntnis, trotz bestmöglicher Konzentration und Mühe, den Anforderungen nicht zu genügen und gegenüber den gleichaltrigen Kindern abgehängt zu sein, stellt ohne Zweifel eine permanente Belastung dar. Dennoch: Ich selbst hatte Glück im Unglück und das lässt mich auch heute noch durchaus dankbar sein und demütig. Zu diesem Glück gehörte eine gute Portion Resilienz, also innerer Widerstandskraft. Heute wissen wir, dass diese Resilienz als Quelle der Widerstandsfähigkeit in Teilen ebenso genetisch beeinflusst ist wie die Legasthenie. Die Vorsehung oder das Schicksal hat mich also nicht nur mit einem mehr als lästigen Handikap ausgestattet, sondern ebenso mit der Fähigkeit, diesem Mangel und Makel etwas entgegenzusetzen.

Zu meinem Glück gehörten in jedem Fall ebenso meine reflektierten und fürsorglichen Eltern. Obgleich die verschiedenen Schulen, die ich besucht habe, mir immer wieder schlechte Zeugnisse ausstellten, haben meine Eltern tapfer und ausdauernd dagegengehalten. Sie wollten beharrlich nicht daran glauben, dass ich einfach nur dumm oder unterbelichtet bin oder allenfalls für eine gewerbliche Ausbildung geeignet sei.

Meine Erinnerung an das System Schule und dessen Bewertung war auch aus einem anderen Grund nicht wirklich wertschätzend. Um dies zu erklären, muss ich ein wenig ausholen: Meine Eltern lebten mit ihren später insgesamt acht Kindern im katholisch geprägten Köln. Anders als zu vermuten, war es aber in diesem mitunter etwas bigotten religiösen Klima irgendwie suspekt, eine solche Kinderschar in die Welt zu setzen, selbst wenn jedes einzelne gewollt und gewünscht war.

3.12 Lektion gelernt: Mein persönliches Fazit

Neben mitunter despektierlichen Kommentaren zu ihrem Kinderreichtum im Allgemeinen mussten meine Eltern immer mit Problemen und Konflikten ihrer Sprösslinge in den jeweiligen Schulen kämpfen. Am Ende ihrer Erziehungsarbeit konnten sie dennoch auf acht Kinder zurückblicken, die es allesamt immerhin bis zum Abitur gebracht hatten. Sieben ihrer Kinder studierten, einer brachte es bis zum Handwerksmeister und drei der Kinder beendeten ihr Studium mit einer Promotion.

Doch dieses Ergebnis war über Gebühr schwer erarbeitet. Bei fünf ihrer Kinder mussten sich meine Eltern auf Elternsprechtagen und ähnlichen Veranstaltungen anhören, dass ihr jeweiliger Sprössling leider nicht geeignet sei oder auch wörtlich »zu dumm«, um ein Gymnasium erfolgreich zu beenden. Die offensichtliche Herausforderung meiner Eltern, beständig gegen die Schule agieren und sich zur Wehr setzen zu müssen, führte dazu, dass insbesondere mein Vater bei fast allen seinen Kindern als Elternsprecher in den Klassenpflegschaften oder in der Elternvertretung diverser Schulen aktiv war.

Für die Zeit nach dem Ende seines Berufslebens hatte sich mein Vater vor diesem Hintergrund vorgenommen, ein Buch zu schreiben mit dem Arbeitstitel »100 Jahre Schule«. Hier wollte er seine Erfahrungen und sein Leid mit dem damaligen Schulsystem und dessen VertreterInnen sammeln und dokumentieren. Der geplante Titel sollte der Tatsache gerecht werden, dass er, seine Frau und seine acht Kinder zusammengerechnet mehr als 100 Jahre mit dem System Schule gelebt und gerungen hatten. Leider hat mein Vater diese gute Idee nie umgesetzt – vielleicht auch deshalb, weil viele der Erinnerungen an diese Zeit nicht wirklich motivieren konnten.

Schule bedeutete für mich aus diesen Gründen immer eher ein Hindernis, eine Herausforderung oder manchmal auch Bedrohung und – bis auf wenige Gelegenheiten – keine Veranlassung, mich damit anzufreunden.

Heute in meinem 65 Lebensjahr habe ich das Gefühl, die Herausforderungen Dank meiner ererbten Konstitution und meiner fürsorglichen Eltern sowie einiger verständnisvoller Pädagogen und Psychologen bewältigt zu haben. Es ist wie mit dem bereits in der Einleitung zitierten Spruch von Erich Kästner:

»*Auch aus Steinen, die dir in den Weg gelegt werden, kannst du etwas Schönes bauen.*«

Ich habe es nicht so weit gebracht wie Bill Gates, Mark Zuckerberg oder der Ikea-Gründer Ingvar Kamprad, von welchen ebenfalls gesagt wird, dass es sich bei ihnen um Menschen mit Legasthenie oder LRS handelt. Schließlich waren meine Werte, Wünsche, Interessen und Lebensziele vermutlich nicht mit diesen vergleichbar und sicher verfüge ich auch nicht über deren Talente oder deren Drang nach Erfolg, Einfluss, Reichtum, Status oder Selbstbehauptung. Aber immerhin konnte ich ein weitgehend selbstbestimmtes Leben führen, mit allem, was nach meinem Empfinden privates Glück und Zufriedenheit ausmacht und ebenso Spaß und Erfüllung im Beruf.

Meine Legasthenie war dabei durchaus ein lästiger und verzichtbarer Begleiter. Sie war beständiger Stolperstein, aber aufgrund der heilsamen Begleitumstände kein Verhängnis, das mir ein erfülltes Leben maßgeblich und unaufhaltsam verwehrt hätte.

4

Legasthenie bewerten und bewältigen

Legasthenie oder eine LRS muss keine Tragödie sein. Es handelt sich schließlich um ein Handikap oder eine weniger dramatische, partielle Beeinträchtigung, wie es zahlreiche andere gibt. Manche Menschen verfügen über eine reduzierte Körperwahrnehmung und sind in ihren Bewegungen fahrig oder ungelenk. Andere Menschen sind in ihrer Sinneswahrnehmung eingeschränkt und sehen oder hören deshalb schlechter als komplett gesunde Menschen. Andere wiederum können sich Gesichter schlecht merken, wie etwa der US-amerikanische Schauspieler Brad Pitt. Man nennt dies eine »Gesichtserkennungsschwäche« oder in der Fachsprache Prosopagnosie. Andere Menschen wiederum tun sich schwer, die Mimik oder Gestik anderer Menschen richtig zu deuten und auf deren emotionale Befindlichkeit zu schließen.

Der österreichische Arzt und Individualpsychologe Alfred Adler (1870–1937) sprach im Kontext solcher Beeinträchtigungen von einer (partiellen) »Organminderwertigkeit«. Auch wenn der Begriff Minderwertigkeit heute nicht mehr angemessen erscheint, beschreibt es doch ein verbreitetes Phänomen. Zum einen, weil viele Menschen – um nicht zu sagen die meisten – zeitweise oder auf Dauer von irgendeiner Unzulänglichkeit betroffen sind, welche dann zu einem Minderwertigkeitsgefühl führen kann. Laut Adler ist dieses Minderwertigkeitsgefühl einer der bedeutendsten Quellen psychischer Beeinträchtigungen oder Störungen, die man seinerzeit als Neurosen bezeichnete.

Andererseits stellt jede solche Beeinträchtigung das betreffende Individuum vor die Aufgabe der Kompensation dieses Mangels. Gelingt dieser Ausgleich, so kann das vermeintliche Defizit – zum Beispiel durch intensives Training – sogar in einen Vorzug umgewandelt werden. Ein anschauliches Beispiel dafür ist der Behindertensport. Hier gelingt es vielen Betroffenen trotz – oder mitunter paradoxerweise indirekt erst durch ihre Beeinträchtigung – eine gesellschaftliche Anerkennung zu erlangen und damit die vermeintliche Minderwertigkeit mehr als nur zu kompensieren. Wir werden diesen Aspekt im letzten Abschnitt zum Thema Resilienz noch einmal aufgreifen.

Entscheidend für eine gelungene Bewältigung persönlicher Ein- oder Beschränkungen ist dabei der soziale oder gesellschaftliche Kontext, also die Frage, wie eine LRS, Legasthenie oder eine ähnliche Beeinträchtigung von anderen beurteilt wird.

Auch wenn der Begriff »Minderwertigkeit« aktuell kaum mehr Verwendung findet, so zeigt er doch die selbst heute noch wirksame gesellschaftliche Tendenz auf, selbst begrenzten und wenig einschränkenden Defiziten mit einer Wertminderung zu verknüpfen. Ganz so, als wären Menschen mit persönlichen Beeinträchtigungen im wahrsten Sinne des Wortes weniger wert. Das gilt selbst dann, wenn die zugrundeliegenden, untypischen Eigenarten objektiv betrachtet nicht wirklich relevant sind.

In der Tat ist insofern die Bewältigung und damit in deren Folge auch die spätere Akzeptanz derartiger Handikaps von drei wichtigen Einflussgrößen abhängig:

- Wie erlebe ich selbst mein Handikap – sowohl zuerst als betroffenes Kind als auch später als Erwachsener?
- Wie reagiert mein unmittelbares soziales Umfeld auf die Symptome meiner Einschränkung?
- Wie reagiert das weitere Umfeld, also die Gesellschaft, auf meine Beeinträchtigung?

Im Folgenden sollen neben diesen Fragestellungen verschiedene Aspekte betrachtet werden, die einen unmittelbaren oder indirekten Einfluss auf die Akzeptanz des Handikaps Legasthenie beziehungsweise LRS haben.

In der Förderung der Akzeptanz sollte schließlich auch der Schwerpunkt der Hilfe für betroffene Kinder oder Jugendliche liegen. Natürlich ist es gut und hilfreich, Kinder und Jugendliche mit Legasthenie oder LRS in Bezug auf ihre Fähigkeiten im Lesen und Schreiben zu fördern. Übungen im Schreiben und Lesen und die Förderung von Leseflüssigkeit, Leseverständnis oder Rechtschreibung sind durchaus hilfreich. Aber sie lindern bestenfalls die Symptome. Dennoch ist bei der originären Legasthenie oder Lese-Rechtschreib-Störung davon auszugehen, dass diese in Gänze nicht »heilbar« oder umkehrbar ist – trotz aller Förderung.

Umso wichtiger ist es also, die Kinder und Jugendlichen nachhaltig darin zu unterstützen, mit ihrem Handikap und dessen Symptomen leben zu lernen. Wichtiger als die Vermittlung von Lese- und Rechtschreibkompetenz ist also die Förderung ihrer Resilienz und ihres Selbstwertgefühls.

4.1 Aus der Mode gekommen: Rechtschreibung heute

Eigentlich hätten alle Menschen mit einer Legsthenie oder LRS heute guten Grund zum Jubilieren: Die Rechtschreibung wird heutzutage längst nicht mehr als so wichtig erachtet, als dies früher der Fall war. Zu meinen Schulzeiten kam der Rechtschreibung direkt und indirekt eine weitaus höhere Bedeutung zu. In meinen Zeugnissen findet sich zum Beispiel noch eine differenzierte Schulnote im Fach Deutsch. So setzte sich etwa während meiner Grundschulzeit die Beurteilung im Fach Deutsch zusammen aus: a) Mündlicher Ausdruck, b) Lesen, c) Aufsatz und d) Rechtschreibung. Zudem existierte noch die fachübergreifende Schulnote »Schreiben«. Mein Hauptschul-Abschlusszeugnis von 1970 weist die Noten »Rechtschreibung« und »Schrift« ebenso gesondert und fächerübergreifend auf, wobei dafür die Rechtschreibung als Unterkriterium der Note Deutsch entfiel. In dieser Bewertungsmatrix der Zeugnisnoten waren Schüler mit einer Legasthenie oder LRS folglich durch den höheren Bedeutungsgrad immer mehrfach diskriminiert. Die alleingestellte Schulnote »Rechtschreibung« konnte schließlich bei einer schlechten Bewertung sogar die Versetzung gefährden.

Dies ist heute anders: Die Rechtschreibung und das Lesevermögen werden nun ohne sichtbare Differenzierung in die Gesamtnote Deutsch einbezogen. In einzelnen Bundesländern in Deutschland gibt es zudem die Regelung, dass die Qualität der Rechtschreibung die Gesamtnote im Fach Deutsch um nicht mehr als eine Note beeinträchtigen darf. Eine fächerübergreifende Einzelnote »Rechtschreibung« oder »Schrift« existiert hier schon seit vielen Jahren nicht mehr.

Hinzu kommt, dass Rechtschreibung heutzutage irgendwie generell aus der Mode gekommen zu sein scheint. Zumindest hat sie deutlich an Relevanz verloren; wofür es verschiedene Anzeichen gibt:

4.1 Aus der Mode gekommen: Rechtschreibung heute

- An weiterbildenden Schulen oder selbst an Hochschulen wird zunehmend von (Hochschul-)LehrerInnen beklagt, dass SchülerInnen oder Studierende kaum mehr die Rechtschreibung beherrschen. Und das, obwohl heute bei Klausuren in Schule oder Universität die Nutzung von Wörterbüchern oftmals explizit zugelassen ist. Im März 2021 titelte das Nachrichtenmagazin »Der Spiegel«: »Deutschland verlernt das Schreiben«. Dieser Beitrag berichtet von einer Studie, die zeigt, dass sich nach einer systematischen Analyse von Abiturklausuren in Deutschland die Rechtschreibekompetenz der AbiturientInnen mit 50 % mehr Fehlern seit den 1980er Jahren drastisch verschlechtert hat (Doerry 2021). Fast zehn Jahre vor diesem Artikel hatte »Der Spiegel« dem Thema »Die Rechtschreibkatastrophe« sogar seine Titelseite und -story gewidmet (Der Spiegel 25/2013). Ähnliches berichten Medien aus Österreich oder der Schweiz (Schwarzenbach 2017).

- Wer Online-Nachrichtenmagazine der gehobenen Kategorie nutzt, wie etwa Spiegel-Online, ZEIT-Online oder Süddeutsche-Online, wird feststellen, dass offensichtlich selbst in den Redaktionen renommierter Nachrichtenportale die Orthographie und Interpunktion keine gehobene Rolle mehr spielt. Das betrifft auch solche Medien, die selbst gerne über das nachlassende Niveau der Rechtschreibung in der Bevölkerung berichten. Oft werden offensichtlich Texte vor der Veröffentlichung nicht mehr hinreichend auf Fehler geprüft und entsprechend korrigiert. Aus diesem Grund fehlen oder doppeln sich in diesen Nachrichtenportalen häufiger Wörter, Endungen werden verschluckt, die Interpunktion erscheint mitunter willkürlich u. a. m. – von Tipp-, Schreib- oder Grammatikfehlern ganz abgesehen.

- Der Austausch über soziale Medien oder per E-Mail verführt dazu, der Schnelligkeit von Information und Reaktion auf Mitteilungen einen sehr viel größeren Stellenwert einzuräumen als der äußeren Form. Hierdurch leidet zwangsläufig die Rechtschreibung und in der Folge auch mitunter die Qualität der Lesbarkeit.

4 Legasthenie bewerten und bewältigen

◆ Fast schon zum Zeichen von Avantgarde oder Coolness ist es selbst bei »älteren Semestern« geworden, Textmitteilungen wie E-Mails ausschließlich in Kleinschrift abzufassen. Zwar verstößt das gegen die informellen Anstandsregeln der Internet-Kommunikation, der sogenannten.»Netiquette«. Hierbei handelt es sich um ein Kofferwort aus dem Englischen »net« für das Internet und entsprechenden Anstandsregeln, im Französischen: »etiquette«. Für manche Menschen aber gilt eine konsequente Kleinschreibung offenbar dessen ungeachtet als hipp, ungezwungen, avantgardistisch oder irgendwie kreativ. Ich persönlich finde diese Art vermeidlicher Kreativität schwer lesbar und störend. Das Auge sucht ständig nach gewohnten Ankern für das Textverständnis, die es nicht finden kann. Im Wettbewerb dazu finde ich die o. g. Schreibweisen aus den Schulheften meiner Grundschulzeit weitaus einfallsreicher – wenn auch für Dritte ebenso schwer lesbar wie die erwähnte Anarcho-Variante der permanenten Kleinschreibung.

Hinzu kommt, dass selbst der gute alte Duden in der Auslegung von richtig und falsch etwas großzügiger geworden ist. Schließlich wurde im Jahr 1996 eine umfassende Reform der deutschen Rechtschreibung durchgeführt, wodurch es mit alter und neuer Form zu mehr Vielfalt und Varianten kam.

Noch verwirrender wurde die Vielzahl der unterschiedlichen Normvarianten, als später dann Teile der Reform durch eine Reform der Reform für ungültig erklärt wurden, andere dagegen weiter Bestand hatten. Da zumindest in Deutschland ein Teil der 16 Kultusminister der Deutschen Bundesländer direkten Einfluss auf diese Regeln nahmen, war ein differenziertes Durcheinander erwartbar. So hätte nicht mehr viel gefehlt und jedes Bundesland in Deutschland hätte seine eignen regionalen Rechtschreibregeln eingeführt; fast wie zu Goethes Zeiten.

In der Folge dieser Entwicklungen fällt zumindest meine persönliche Formvariante der Legasthenie nicht mehr wirklich auf. Viele Briefe oder E-Mails, die ich von anderen Menschen erhalte, welche keine LRS-Historie aufweisen, beinhalten sogar oftmals deutlich mehr Rechtschreibfehler als meine eigenen Texte. Nicht die klassische Legasthenie, aber immerhin eine verbreitete Rechtschreibschwäche setzt sich also irgendwie als neuer Standard durch. Insofern nimmt als positive Nebenwirkung die öffentliche Stigmatisierung von Menschen mit LRS-Problemen automatisch ab; auch wenn orthodoxe Rechtschreib-Vorkämpfer diesen Verfall bedauern werden. Ob man jedoch diese Entwicklung nun als begrüßenswert einstuft oder nicht: Die beschriebene Entwicklung entlastet jedenfalls die aktuell betroffenen Menschen mit Legasthenie oder LRS deutlich.

4.2 Legasthenie: Makel oder Gewinn?

Die in dieser Überschrift enthaltene Frage klingt auf den ersten Blick absurd: Wie – um alles in der Welt – soll und kann eine erblich und neurologisch bedingte Einschränkung als Gewinn dargestellt oder bewertet werden?

Wenn man jedoch ein wenig eintaucht in die Erkenntnisse der Psychologie, so ist die Frage tatsächlich alles andere als abwegig: Im Kontext der Forschung über die Bewältigung von persönlichen Schicksalsschlägen beziehungsweise Traumatisierungen hat in den 1980er Jahren der amerikanisch Psychologe Richard Lazarus aufzeigen können, dass beim Eintritt negativer Begebenheiten nicht nur das objektive Ereignis oder die damit verbunden Nachteile entscheidend sind. Ebenso bedeutsam ist die persönliche Einstellung, die wir mit diesem Ereignis und dessen Folgen verbinden.

Folgende Haltungen oder Annahmen sind möglich, wenn wir Menschen mit einer persönlichen Benachteiligung oder Beeinträchtigung konfrontiert werden:

4 Legasthenie bewerten und bewältigen

1. das Ereignis wird als *positiv* gedeutet (bei Schicksalsschlägen eher selten zu beobachten aber möglich, z. B. als sogenannter »Krankheitsgewinn«)
2. die Begebenheit wird als *nicht relevant* eingestuft und daraus keine besondere Bedeutung abgeleitet, weil die Lebensweise und -qualität nicht eingeschränkt wird
3. das Ereignis wird als *negativ* wahrgenommen beziehungsweise als *Bedrohung oder Strafe* angesehen, weil die Lebensweise und -qualität beeinträchtigt ist oder aber
4. die Angelegenheit wird zwar *negativ* bewertet, aber als *Herausforderung* wahrgenommen.

Diese unterschiedlichen Sichtweisen oder Haltungen sind gerade bei Handikaps maßgeblich, wie sie Legasthenie, Dyskalkulie oder ähnliche Beeinträchtigungen darstellen. Damit verbundene subjektive Folgen und Leiden werden aller Voraussicht nach erheblich sein, wenn die Betroffenen ihre Deutung und Wahrnehmung nach der dritten Variante ausrichten, sie also als Bedrohung oder Strafe einordnen. Sie werden dann beständig mit ihrem Schicksal hadern, sich von konkreten oder diffusen Verursachern als gestraft oder gepeinigt sehen und sich letztlich als hilf- und wehrlose Opfer fühlen.

Wer hingegen die Beeinträchtigung als Herausforderung empfinden kann, muss deshalb keineswegs in einen Freudentaumel darüber ausbrechen, dass man nun ungefragt mit einer lästigen Herausforderung konfrontiert wurde. Aber für Betroffene besteht nunmehr eine Chance, sich aktiv und lösungsorientiert mit der Gegebenheit auseinanderzusetzen; auch dann, wenn man sich diese Herausforderung nicht selbst ausgesucht hat. Mit der Grundeinstellung »Ich nehme diese Herausforderung an!« besteht somit die Möglichkeit oder Chance, meine tatsächliche Einschränkung erfolgreich zu kompensieren – und weit mehr als das.

Der finnische Arzt und Psychotherapeut Ben Furman hat diese Erkenntnis in einem Mut machenden Buch zusammengefasst. Es trägt den passenden Titel: »Es ist nie zu spät eine glückliche Kindheit zu haben« (Furman 2013). Dieses Buch beschreibt anschaulich und überzeugend, dass wir Menschen immer im gewissen Umfang die Wahl haben, uns für die eine oder andere Haltung zu entscheiden. Und dass wir mit dieser inneren Grundhaltung unsere Wahrnehmung darauf lenken und konzentrieren können, was wir durch unser vermeintliches Schicksal oder Unglück an Erfahrung, Wachstum und Stärke dazugewonnen haben.

Wir werden uns dem damit verbundenen Aspekt der inneren Einstellung zu ungewollten Beeinträchtigungen oder auch Traumata im letzten Abschnitt dieses Buches noch vertieft widmen, denn in der Tat gibt es viele Belege dafür, dass Menschen mit Behinderungen oder Beeinträchtigungen diese mehr als nur kompensieren können. Dafür spricht nicht nur das bereits geschilderte Beispiel aus dem Behindertensport.

Hierfür ein weiteres Argument: Die britische Wissenschaftlerin Julie Logan, Professorin an der University of London, hat Ende der 2000er Jahre eine vielbeachtete Studie vorlegt. Einer ihrer Fachartikel erschien in einem Standardwerk zur Legasthenie unter dem Titel (Übersetzung aus dem Englischen durch den Autor): »Unternehmer mit Legasthenie: deren Häufigkeit, Bewältigungsstrategien und beruflichen Qualifikationen« (Logan 2009).

Die Autorin zeigte in ihrer Studie, dass in den USA und Großbritannien im Durchschnitt der Bevölkerung etwa zehn Prozent der Menschen eine Lese-Rechtschreib-Störung aufweisen. Andererseits beträgt laut Logan der Anteil von Menschen mit Legasthenie beziehungsweise Dyslexie aus einer größeren Stichprobe von Firmengründern in Großbritannien das Doppelte des Durchschnitts, nämlich 19 Prozent, und in den USA sogar 35 Prozent. Folglich ist der Anteil von Menschen mit Legasthenie oder LRS in der Gruppe der GründerInnen und UnternehmerInnen doppelt so hoch wie in der Normalbevölkerung.

Zuerst lag aufgrund dieser Erkenntnis die Vermutung nahe, dass viele der UnternehmensgründerInnen und ManagerInnen sich durch ihre schulischen Probleme gezwungen sehen, sich selbstständig zu machen, anstatt zum Beispiel eine traditionelle akademische

Karriere zu verfolgen. Doch die Autorin fand in ihrer Studie tatsächlich spezielle Fähigkeiten der untersuchten Führungskräfte. Der Studie zufolge verfügen die von LRS betroffenen ManagerInnen über bessere Fähigkeiten vor allem in den Disziplinen Kommunikation, Problemlösefähigkeit und Delegation.

Die Autorin schlussfolgerte daraus, dass sich die betroffenen UnternehmerInnen und GründerInnen diese nützlichen Fähigkeiten gerade deshalb angeeignet oder sie verstärkt haben, weil sie mit einem Handikap aufgewachsen waren und mit den vielen Unsicherheiten und Herausforderungen klarkommen mussten, welche ihr Handikap mit sich brachte.

Doch so erfolgreich die Betroffenen es auch im Alltag gelernt hatten, ihre Schwäche kreativ zu kompensieren und zu kaschieren: Das Lernen im formalen schulischen und universitären Rahmen fiel den von Logan befragten UnternehmerInnen mit Legasthenie durchgehend schwer. Sie waren in ihrer Kindheit und Jugend überwiegend schlechte SchülerInnen. Nicht viele von ihnen brachen ihre Schule- oder später die bereits eingeschlagene Universitätslaufbahn ab.

2010 erläuterte Logan in einem Interview mit der Süddeutschen Zeitung (SZ) ihre Erkenntnisse einem breiteren Publikum. Hier ein Ausschnitt aus den Aussagen Logans aus diesem Beitrag (Lutz 2010):

Logan: *Viele Legastheniker scheitern trotz hoher Intelligenz in der Schule, wo man sie oft genug einfach hängenließ. Der frühe Misserfolg stachelt sie ihr ganzes Leben lang an, anderen zu zeigen, was sie können, und vor allem zu beweisen, dass sie nicht dumm sind. Und sie lernen zu kompensieren.*
SZ: Auf welche Art und Weise?
Logan: *Indem sie zum Beispiel zu überzeugenden Rednern werden und lernen, andere für sich einzunehmen. Wer eine Firma führt, benötigt ja genau das: ausgeprägte kommunikative Fähigkeiten, um Geschäftsideen erfolgreich an Investoren verkaufen zu können oder Mitarbeiter zu motivieren. Von Legasthenikern, die erfolgreich im Geschäft sind, höre ich immer wieder, dass sie gut mit Menschen umgehen können.*
SZ: Sie verfügen also über eine gute Menschenkenntnis?
Logan: *Ja, allein schon, um in der Schule überleben zu können, sind sie auf andere angewiesen. Sie lernen sehr früh, wem sie vertrauen können. Das kommt ihnen*

4.2 Legasthenie: Makel oder Gewinn?

später zugute. Viele haben mir erzählt, dass sie rasch spüren, ob derjenige, der ihnen im Bewerbungsgespräch gegenübersitzt, einen guten Job machen wird oder nur ein Blender ist. Außerdem sind sie ehrlicher mit sich selbst.
SZ: Was bringt das für den Geschäftserfolg?
Logan: *Sie kennen ihre Schwächen und wissen, dass sie diese nur kompensieren können, wenn sie Mitarbeiter mit entsprechenden Stärken einstellen. Da sie diese Leute sowieso benötigen, stellen sie gleich die jeweils Besten ein. Andere Manager scheuen sich oft, sehr gute Leute zu holen, aus Angst, sie könnten ihnen den Rang streitig machen oder sie überstrahlen. Legastheniker wissen, dass es ohne die anderen nicht geht, und verlassen sich auf ihre Intuition, die sie ein Leben lang geschult haben.*
SZ: Was können Führungskräfte von Legasthenikern lernen?
Logan: *Zu delegieren. Managern, die nicht unter Lese-Rechtschreib-Schwäche leiden, fällt es oft schwer, Aufgaben zu übertragen. Sie haben wenig Vertrauen in die Kompetenzen ihrer Mitarbeiter und mischen sich ständig ein. Auf diese Weise kann man sich aber nicht um die wirklich großen Dinge kümmern, wie zum Beispiel die strategische Ausrichtung der Firma, sich im Markt erfolgreich zu positionieren oder neue Geschäftsideen voranzutreiben.*

Vermeidliche Defizite müssen also langfristig und ganzheitlich betrachtet keinen Makel darstellen, im Gegenteil. Sie können vielmehr Quelle und Antrieb sein für Kompetenzen, mit welchen sich die Betroffenen durchaus dem Wettbewerb stellen können – in beruflichen Belangen ebenso wie in persönlichen Bezügen.

Dies setzt aber eine konstruktive und vorwärtsgewandte Einstellung der Betroffenen zu ihrer schicksalshaften Beeinträchtigung voraus. An exakt diese Voraussetzung muss sich deshalb auch die Unterstützung der betroffenen Kinder und Jugendlichen orientieren. Im letzten Abschnitt zum Thema Resilienz werden wir den Blick auf diesen Aspekt noch einmal vertiefen.

4.3 Statt Aktionismus: Frühzeitige professionelle Diagnose

Zu der Frage, wie viele Menschen im deutschsprachigen Raum von Legasthenie betroffen sind, gibt es – wie bereits beschrieben – durchaus unterschiedliche Aussagen. Manche Autoren sprechen von drei, andere von acht und wieder andere von bis zu elf Prozent der Bevölkerung. Der Unterschied entsteht auch deshalb, weil nicht alle Kinder, Jugendlichen oder Erwachsenen mit einer LRS oder Legasthenie eine fachlich qualifizierte Diagnose unterzogen werden. Insofern ist die sogenannte Grauzone sehr groß.

Eine qualifizierte Diagnose ist zudem durchaus aufwändig und komplex. Das gilt insbesondere dann, wenn eine gezielte Diagnostik zwischen einer allgemeinen Lese-Rechtschreib-*Schwäche* und einer speziellen Lese-Rechtschreib-*Störung* oder Legasthenie unterscheiden soll.

Wie auch am Beispiel meiner Person wird eine LRS oder Legasthenie häufig erst in der dritten oder vierten Klasse definitiv und damit recht spät diagnostiziert. Besser wäre es jedoch – wie bei allen förderungswürdigen Beeinträchtigungen –, die richtige Diagnose möglichst frühzeitig stellen zu können. Erst dann ist es schließlich möglich, zum frühestmöglichen Zeitpunkt mit der gezielten Förderung und möglichen Begleitmaßnahmen zu beginnen.

Auf eine LRS oder Legasthenie können viele verschiedene Symptome hinweisen. Um sie richtig zu deuten, ist aber zu beachten, dass einzelne dieser hier genannten Merkmale allein kein Hinweis auf eine LRS oder Legasthenie sein muss. Folgende Auffälligkeiten können auf die Notwendigkeit einer gründlichen Klärung und Diagnostik hinweisen – insbesondere dann, wenn verschiedene dieser Merkmale in Kombination anzutreffen sind:

Symptomkomplex Lesen

- Leseunfähigkeit am Ende der 1. und in der 2. Klasse

- stockendes oder verlangsamtes Lesen in den weiteren Klassen
- eingeschränkte Lautverschmelzung
- auffällig fehlerhaftes Lesen
- statisches Lesen ohne Sinnerfassung
- ausgeprägte Leseunlust.

Symptomkomplex Rechtschreibung

- viele Fehler selbst beim Abschreiben
- Fehlerhäufung in Diktaten und Aufsätzen
- Verwechslung und Verdrehung von (z. B. b – d / p – q / g – d / ie – ei)
- Verwechslung der Buchstabenreihenfolge
- Auslassen von Buchstaben, Silben und ganzen Wörtern
- Verwechslung von klangähnlichen Buchstaben (z. B. b – p / d – t / g – k)
- Fehlerhäufung bei der Dehnungslauten und Dopplung von Buchstaben
- ausgeprägte Schreibunlust.

Symptomkomplex sprachliche Äußerung

- unklare Artikulation
- stockendes Sprechen
- spärlicher Wortschatz
- Begriffsfindungsnot
- stark vereinfachtes oder unkorrektes Sprechen oder Schreiben
- Diskrepanz zwischen Niveau mündlicher und schriftlicher Äußerung.

Symptomkomplex Merkfähigkeit

- erschwertes Auswendiglernen
- reduzierte Merkfähigkeit für neue Intonationen z. B. bei Fremdwörtern und -sprachen

- ungenügende Merkfähigkeit für neue Wortbilder.

Symptomkomplex Motorik
- verkrampfte Körper- oder Stifthaltung
- unleserliches oder verzerrtes Schriftbild
- stark verlangsamte Schreibgeschwindigkeit.

Symptomkomplex emotionale oder verhaltensbezogene Auffälligkeiten
- Schulangst
- Aggressivität
- Hyperaktivität oder Clownerie
- Ängstlichkeit und/oder Kontaktscheuheit
- Konzentrationsschwäche.

Da die Gründe für eine LRS sehr unterschiedlich sein können, erfordert eine fachgerechte und gründliche Diagnostik verschiedene Ansätze in einem ganzheitlichen Kontext. Hierzu gehören:

- die Anamnese mit Entwicklungsgeschichte und Familienbezug (z. B. gehäuftes Vorkommen von LRS in der Familie) sowie Verhaltensauffälligkeiten, persönlichen oder emotionalen Reaktionen des Kindes bzw. der Jugendlichen (s. o.)
- die Analyse von Zeugnissen, Diktaten oder Aufsätzen
- ein validierter/standardisierter Rechtschreibtest
- ein validierter/standardisierter Lesetest
- ein validierter/standardisierter Intelligenztest
- eine neurologische Untersuchung sowie
- eine Untersuchung der Seh- und Hörfähigkeit.

Präzisere Empfehlungen und Leitlinien für eine fachgerechte Legasthenie-Diagnostik hat die Deutsche Gesellschaft für Kinder und Jugendpsychiatrie, Psychosomatik und Psychotherapie entworfen. Diese Empfehlungen orientieren sich an standardisierten und wissenschaftlich bewährten Diagnostikverfahren, die man im Fachjargon auch als »evidenzbasierte Methoden« bezeichnet (DGKJP 2015).

Zu finden sind qualifizierte Institutionen, die eine fachgerechte Diagnostik und damit verbundene Förderkonzepte anbieten, in vielen größeren Städten und in allen Bundesländern in Deutschland oder Österreich oder in den deutschsprachigen Kantonen der Schweiz. Entsprechend aktuelle Hinweise finden sich in den Internetportalen von Organisationen, welche sich auf die Unterstützung von Menschen mit LRS und Legasthenie spezialisiert haben (s. Abschnitt »Adressen«). Daneben bieten alle deutschsprachigen Länder in vielen Städten und Gemeinden schulpsychologische oder gar inklusionspädagogische Beratungsstellen an, welche entsprechend qualifizierte Diagnoseverfahren anbieten oder vermitteln.

Eine möglichst frühzeitige und gründliche Diagnostik ist auch deshalb entscheidend, weil eine LRS beziehungsweise Legasthenie ausgesprochen individuelle Ausprägungen hat. Ob beispielsweise Lese- und Rechtschreibschwierigkeiten gleich oder unterschiedlich verteilt sind, welche Fehler besonders häufig sind oder ob als Nebenwirkung emotionale oder verhaltensspezifische Folgen beobachtet werden. Derartige Ausprägungen und Folgeerscheinungen sind bei den Betroffenen durchaus unterschiedlich. Insofern ist eine gründliche Diagnostik nicht nur hilfreich, sondern unbedingt notwendig, um anschließend individuelle und zielgerichtete Hilfs- und Förderpläne erstellen zu können.

4.4 Nach der Diagnose: Wie sage ich es meinem Kind?

Irgendwann steht dann die Diagnose LRS oder Legasthenie wie ein Elefant im Raum. Wie in der britischen Elefanten-Metapher geht es darum, dass zwar das Thema LRS mit der Diagnose plötzlich sehr real und raumgreifend präsent ist, dass aber wie bei einem Tabu oder peinlichen Thema nicht offen darüber gesprochen wird. Beim Umgang mit Kindern ist dies auch deshalb so unangenehm und verstörend, weil Erwachsene meist nicht wirklich wissen, wie sie ihrem Kind diese Diagnose nun angemessen erklären sollen. Diese Unsicherheit betrifft sowohl die Eltern als auch die LehrerInnen oder Fachkräfte.

Dennoch spüren oder wissen Erwachsene genau, dass das Kind selbst sehr wohl merkt, dass etwas nicht stimmt. Die vielen Fehler bei Lesen oder Schreiben, die Anmerkungen der LehrerInnen im Schulheft, der gemeinsame Gang zur schulpsychologischen Beratung oder zum kinder- und jugendpsychiatrischen Dienst und die besorgten Blicke der Eltern nach diesen Gesprächen: Keinem gesunden und aufgewecktem Kind dieser Welt wird dies verborgen bleiben.

Nun sind Kinder keine kleinen Erwachsenen. Kinder denken nicht weniger, aber durchaus anders als Erwachsene. Dies zu erkennen und zu berücksichtigen ist entscheidend, wenn es darum geht, betroffenen Kindern ihr Handikap altersgerecht zu erklären und ihnen eine Perspektive zu eröffnen, welche die Akzeptanz fördert.

Bei den meisten Kindern wird eine Legasthenie oder LRS etwa im Alter zwischen sieben und elf Jahren diagnostiziert. Nach dem Pionier der Entwicklungspsychologie, dem Schweizer Entwicklungspsychologen Jean Piaget, entspricht dieses Alter exakt dem Stadium, das man in der Entwicklungspsychologie die sogenannte »konkret-operationale Phase« nennt.

In dieser Phase entwickelt sich nach und nach das Selbstkonzept, und die Kinder beginnen mehr und mehr, sich mit anderen zu vergleichen und zu messen. Wahrgenommene Defizite im Vergleich mit anderen Kindern – sei es das Aussehen, die Körpergröße oder eben bestimmte Fähigkeiten – können in dieser Altersgruppe nachhaltige Scham- oder Minderwertigkeitsgefühle auslösen.

Nicht selten haben Kinder in dieser Altersgruppe – zumal die jüngeren – noch die Tendenz, Beeinträchtigungen oder Behinderungen irgendwelcher Art als eine Art imaginärer Strafe aufzufassen. Ist dies der Fall, grübeln sie voller Selbstzweifel nach fiktiven Ursachen, Gründen oder eigener Schuld. Letzteres sind im Übrigen mystische Gedanken und Hypothesenbildungen, die in ähnlichen Situationen selbst bei Erwachsenen zu beobachten sind.

Insofern ist ein sensibles Vorgehen erforderlich, wenn man Kindern dieses Alters relevante Informationen zu ihrer LRS oder Legasthenie geben will (vgl. Haller & Schuhrke 2003). Das Ziel solcher Informationen muss es also sein, den Kindern ihre Situation so zu veranschaulichen, dass hinderliche und vermeidbare Selbstvorwürfe oder Schuldgefühle gar nicht erst aufkommen können.

Betroffenen Kindern in dieser Altersgruppe wissenschaftliche Hintergründe über genetische oder möglicherweise hirnorganische Ursachen ihrer Unzulänglichkeit vermitteln zu wollen, ist nutzlos, zumindest entbehrlich und schlimmstenfalls schädlich. Medizinisch oder akademische Details zur Entstehung und Ursache der Legasthenie oder LRS fördern weder ein echtes Verständnis noch die nachhaltige Akzeptanz ihres Handikaps und ihrer damit verbundenen Situation.

Wer Kindern hingegen altersgemäße, narrative Informationen bieten möchte, sollte »konkret-operationale« und lösungsorientierte Informationen im Sinne des folgenden Beispiels wählen:

> *Da hast ja selbst gemerkt, dass beim Schreiben und/oder Lesen häufig Fehler vorkommen. Wir wollten deshalb herausfinden, warum Du beim Schreiben und/oder Lesen so viele Fehler machst. Jetzt haben wir Dich untersuchen lassen und kennen nun den Grund dafür. Was dahinter steckt, nennt man Legasthenie oder Lese-Rechtschreiben-Störung. Damit Du das verstehst, muss ich Dir dazu etwas mehr erklären: Alle Menschen wollen irgendwie normal sein, das heißt, sie möchten einfach genauso sein wie andere Menschen. Vollkommen normal sein, das wollen irgendwie ganz viele Menschen. Allerdings geht das schon allein deshalb nicht, weil alle Menschen immer ein wenig anders sind als andere Menschen. Und manche Menschen wollen ja etwas ganz Besonderes sein. Das ist ja auch anders als normal.*

4 Legasthenie bewerten und bewältigen

Einzelne Kinder sind größer als andere. Manche haben helle Augen, Haut oder Haare, andere wieder dunklere. Manche Menschen können super gut sehen, andere brauchen eine Brille. Etliche Menschen sind Linkshänder, andere hingegen sind Rechtshänder. Einige Menschen haben ein Gehör wie ein Luchs, andere hören nicht so gut oder brauchen sogar ein Hörgerät wie Opa Rudi. Manche Menschen sind schwindelfrei und können balancieren wie ein Seiltänzer, andere können nicht einmal richtig über eine niedrige Mauer balancieren. Es gibt sogar viele Menschen, die bestimmte Farben nicht sehen können, etwa rot und grün. Manche wiederum haben eine schöne Stimme und können singen wie ein Popstar, bei anderen hört sich das nicht wirklich gut an und niemand möchte zuhören, wenn sie singen. Manche Menschen können sich ganz toll Zahlen merken oder Wörter, andere haben ein neues Wort oder die Hausnummer vom Haus ihrer eigenen Oma schon nach einer Stunde wieder vergessen.

Also: Jeder Mensch und jedes Kind kann von allein ganz vieles richtig gut. Aber kein Mensch kann alles super gut. Jede und jeder hat eben auch etwas, was nicht so gut klappt. Richtig normal ist also keiner, sonst gäbe es ja auch niemanden, der etwas besonders gut kann, weil alle gleich wären.

Das ist auch beim Lesen und Schreiben so. Von zehn ansonsten normalen Kindern hat ungefähr ein Kind Probleme mit Lesen oder Schreiben. Manche davon tun sich schwer beim Lesen, andere eher beim Schreiben und wieder andere können beides nicht so gut. Wenn es also in einer Schule zusammengenommen 10 Schulklassen gibt, dann haben so viele Kinder eine Legasthenie und Lese-Rechtschreib-Schwäche, wie es Kinder in Deiner Klasse gibt. Sie alle können sich einfach nicht wirklich gut merken, wie Wörter geschrieben oder gelesen werden.

Leider geht das nicht von alleine wieder weg. Was aber gut ist, ist, dass es nicht wirklich schlimm ist und dass man auch etwas dagegen tun kann, damit es besser wird. Und das werden wir zusammen mit Dir in Zukunft auch tun.

> Es gibt also sehr viele Menschen mit Legasthenie oder Lese-Rechtschreib-Schwäche. Darunter sind viele berühmte, erfolgreiche und kluge Menschen, etwa Schriftseller, Erfinder, Wissenschaftler, Politiker, Sänger und Musiker. Wenn Du magst, kann ich Dir von einigen dieser Menschen erzählen. Einer davon hat sogar das iPhone erfunden, einer hat Ikea gegründet und einige von ihnen sind sogar Präsidenten der Vereinigten Staaten von Amerika geworden. Und es gibt in Schweden sogar einen König und Prinzen und Prinzessinnen, die eine Legasthenie oder Lese-Rechtschreib-Schwäche haben.
>
> Und was sagt uns das? Eine Legasthenie oder Rechtschreibschwäche ist manchmal doof und lästig. Aber trotzdem kann man im Leben alles erreichen und glücklich und erfolgreich werden, wie alle anderen Menschen auch. Und fast alles, was Du später mal werden willst, das geht natürlich auch. Es sei denn, Du möchtest ein echter Zauberer werden oder Königin; das bleibt im wahren Leben natürlich ein Traum.
> Und was genau willst Du später einmal werden?

Kinder brauchen also keine komplexen oder theorielastigen Erklärungen. Sie brauchen vielmehr eine verständliche, Mut machende Erklärung für ihre Situation und deren Bedeutung und Bewertung.

4.5 Gezielt und ohne Zwang: lernen, üben, trainieren

Ist eine professionelle Diagnose gestellt, kann als Nächstes unter Hinzuziehung fachpädagogischer Beratung eine gezielte individuelle Förderung geplant und umgesetzt werden. Dazu stehen grundsätzlich verschiedene Angebote bereit.

Förderung in der Schule

Wie Kinder mit LRS oder Legasthenie mit schulischen Angeboten gefördert werden können, ist – zumindest in Deutschland – in jedem Bundesland anders geregelt. Manche Schulen bieten zudem spezielle Förderkurse. Wenn ein solcher Förderunterricht in kleinen Gruppen stattfindet, in welchen auch individualisierte Übungen angeboten werden können, kann dies eine sehr gute Option sein. In jedem Fall sollte die Schule und die entsprechenden FachlehrerInnen über die Diagnose Legasthenie beziehungsweise LRS sowie ggf. bestehende außerschulische Förderpläne informiert sein.

Professionelle Förderung außerhalb der Schule

In vielen größeren Städten gibt es gewerbliche und gemeinnützige Einrichtungen zur Förderung von Menschen mit LRS und/oder Legasthenie. Einige dieser Institutionen bieten dabei durchaus ganzheitliche Angebote, welche unter Umständen auch psychosoziale Faktoren, wie etwa die Förderung des Selbstwertgefühles, beinhalten.

Entscheidend ist, dass die (Lern-)Therapeuten dieser Anbieter speziell für die Förderung bei LRS/Legasthenie qualifiziert und zertifiziert sind. Erkennbar wird dies, wenn diese Einrichtungen angebunden sind oder kooperieren mit entsprechenden Fach- und Berufsverbänden (s. Abschnitt »Adressen«). Institutionen, welche ausschließlich schulische Nachhilfe anbieten, sind insofern nicht zu empfehlen.

Entstehen bei dieser außerschulischen Förderung Kosten, so ist zu prüfen, ob diese nicht auf Antrag von kommunalen oder staatlichen Behörden übernommen werden können, in Deutschland etwa dem Jugend- oder Sozialamt. Schließlich sind diese Maßnahmen in Deutschland im Rahmen des Kinder- und Jugendhilfegesetzes (KJHG) als Eingliederungshilfen Aufgabe der Jugendämter.

4.5 Gezielt und ohne Zwang: lernen, üben, trainieren

In der Regel sind für eine Kostenübernahme zum Beispiel kinder- und jugendpsychiatrische Gutachten notwendig oder zumindest Stellungsnahmen der schulpsychologischen Dienste oder Beratungsstellen. Auch aus diesem Grund sind diese Institutionen die besten Anlaufstellen für eine fachlich qualifizierte Diagnose, weil sie dann auch bei der Inanspruchnahme von Eingliederungshilfen unterstützen können.

Förderung zu Hause

In der Zeit, als ich mich früher zu Hause in meiner Rechtschreibung üben durfte – oder besser üben musste –, war die Auswahl geeigneter didaktischer Hilfsmittel eher bescheiden. Mein Begleiter war ein Buch mit dem aufmunternden Titel: »Frohes Schaffen mit der Rechtschreibfibel«.

Das Buch wurde bereits 1949 erstmalig aufgelegt und war dann bis in die 1970er Jahre im Vertrieb. Vermutlich hat es mir durchaus bei der ein oder anderen Rechtschreibregel geholfen und mich manche Zusammenhänge der kniffligen deutschen Orthographie besser verstehen lassen. Aber obwohl diese Fibel mit zahlreichen bunten Bildchen um Akzeptanz und gute Stimmung bemüht war: das im Titel versprochene »frohe Schaffen« wollte bei mir einfach nicht aufkommen. Im Gegenteil habe ich die ganze Überei zu Hause als beschwerlich und lästig in Erinnerung. Ich erlebte es als eine Art Strafe oder zumindest »Sonderbehandlung«, die mich zudem von den klassischen Aktivitäten einer gesunden und normalen Kindheit abhielt, dem Spielen, Toben und Balgen mit anderen Kindern.

Heute gibt es statt dieser antiquierten Fibel aus pädagogischer und fachdidaktischer Sicht zahlreiche und weit bessere Alternativen. Diverse Bücher, interaktive Brett- oder Kartenspiele treten an, das Lernen und Üben nicht nur effizienter zu machen, sondern tatsächlich gleichzeitig Spaß, Unterhaltung oder wirklich »frohes Schaffen« zu vermitteln.

So gibt es aus meinem Vergleich mit früheren Zeiten neben vielen anderen Beispielen heute ein Neid erweckendes Übungsbuch, das sich auf die 100 häufigsten Rechtschreibfehler konzentriert und das verspricht, mit täglich nur zehn Minuten Übungszeit die Rechtschreibkompetenz in kurzer Zeit deutlich zu verbessern. Da ich kein Fachdidaktiker bin, möchte ich dieses Buch weder beurteilen noch empfehlen. Aber das Beispiel zeigt, dass es vielversprechende und methodenübergreifende didaktische Hilfs- und Fördermittel gibt. Diese sind jedoch mit Bedacht auszuwählen und nach Möglichkeit seitens der Eltern mit den FachlehrerInnen in der Schule oder den einbezogenen Beratungsinstitutionen oder Lerntherapeuten abzustimmen.

Wir würden nicht im 21. Jahrhundert leben, gäbe es nicht heute sogar gleichermaßen interaktive und animierte Apps und Computerprogramme oder -spiele zum Training bei LRS oder Legasthenie. In der Tat sind solche Ansätze prinzipiell positiv zu bewerten. Schließlich wachsen viele Kinder und Jugendliche heute ganz selbstverständlich mit Laptop, Tablet oder Smartphone-Apps auf. Viele dieser Applikationen sind attraktiv, interaktiv und neben den didaktischen Inhalten auch ansprechender für ihre Zielgruppe als schlichte oder »trockene« Übungsblätter oder -hefte.

So verlockend alle diese unterschiedlichen Medien auch sein mögen, um Kindern und Jugendlichen das Üben und Trainieren akzeptabel zu machen, so vorsichtig sollte man entsprechende Angebote auswählen. Schließlich sind nicht alle ProgrammiererInnen solcher Apps oder Programme ausgewiesene Experten in Sachen LRS oder Legasthenie. Über die im Anhang genannten Online-Portale lassen sich jedoch einige Empfehlungen über Trainings- und Übungsmedien finden (vgl. Abschnitt »Adressen«).

Generell ist aber wie bei allen Beratungsportalen im Internet Vorsicht geboten. Hier tummeln sich u. a. auch selbsterklärte und mitunter etwas obskure SpezialistInnen. Ihre vermeintliche Qualifikation begründen manche von ihnen damit, dass sie selbst irgendwann einmal Bezugspersonen oder Eltern von Kindern oder Jugendlichen mit LRS oder Legasthenie waren und allein dank die-

4.5 Gezielt und ohne Zwang: lernen, üben, trainieren

ser Erfahrungen nun zu Experten aufgestiegen sein wollen. Manche dieser selbstgekrönten BeraterInnen verfolgen mit ihren Blogs und Portalen zudem unzweideutig kommerzielle Interessen. Also sollten alle Angebote im Internet kritisch geprüft werden. Andererseits bieten aber viele seriöse und hilfreiche Eltern-Selbsthilfe-Vereine zahlreiche Informationen und Tipps zum Thema an. Die guten von den anderen zu unterscheiden ist im World-Wide-Web nicht immer leicht.

In jedem Fall sollten Trainingsmaßnahmen oder Übungen zu Hause nach den folgenden Gesichtspunkten durchgeführt werden:

- Wenn Kinder durch ihre Fehler oder Schulnoten ihre eigene Schwäche erleben, dann leidet in aller Regel zunächst auch das Selbstwertgefühl und es wachsen umgekehrt die Selbstzweifel. Wer Kindern oder Jugendlichen helfen will, darf diese Hilfe also nicht zu sehr nur am Defizit ausrichten nach dem Motto: »Du hast eben ein LRS-Problem. Damit später trotzdem etwas aus Dir wird, musst Du jetzt üben, üben und nochmals üben!« Eine derartige Argumentation würde ein mögliches Minderwertigkeitsgefühl zusätzlich steigern und die gut gemeinte Förderung als Strafe erscheinen lassen.
- Wenn kleinere Trainingseinheiten oder Übungen spielerisch erfolgen und mit echter Zuwendung verbunden sind, dann motivieren sie mehr und nachhaltiger. Insofern gilt auch hier: Weniger stures Training und dafür intensivere Zuwendung sind besser und nachhaltiger als stures »Pauken«.
- Wann der richtige Zeitpunkt für solche Fördermaßnahmen oder Übungen ist, sollte mit dem Kind abgestimmt werden. Zu früh oder zu spät am Tag entspricht in der Regel nicht dem natürlichen Bio-Rhythmus eines Kindes. Anderseits sollte die Übungen und Fördermaßnahmen nach Möglichkeit nicht in direkter Konkurrenz stehen zu anderen wichtigen Interessen oder Gewohnheiten der Kinder.
- Auch wenn es nicht immer gelingen mag, die Begeisterung für Übungseinheiten zu wecken: Die Übungen sollten nicht mit un-

beliebten Aktivitäten kombiniert werden oder in Konkurrenz treten, etwa nach dem Motto: »Deiner Lieblingsbeschäftigung darfst Du erst dann nachgehen, wenn Du diese oder jene Lese- oder Schreibübung gemacht hast!« Auch hierdurch kann für die Kinder eine demotivierende Verknüpfung entstehen.

- Perfekt ist es, wenn es gelingt, diese Fördereinheiten mit bestmöglich viel Spaß und Freude für Eltern und Kind zu gestalten oder auch Freunde des Kindes oder Geschwister einzubinden. Spaß und Lernen müssen bei der richtigen Auswahl der Medien und Materialien kein Widerspruch sein. Viele der angebotenen Förderungsmedien wollen genau diesen Spaßfaktor erreichen und richten sich deshalb als spielerisches Material an die ganze Familie oder an altersgerechte Gruppen.
- Das Thema LRS/Legasthenie oder schlechtere Schulnoten sollten in der Familie oder der Eltern-Kind-Beziehung nicht zu dominant werden. Wenn Eltern das Thema LRS zu sehr in den Mittelpunkt stellen, vergessen sie mitunter, dass ihr Kind jenseits seiner kleinen Einschränkung gesund, lebhaft, wach, klug, aufgeweckt und vor allem liebenswert ist – ganz so, wie es ist. Die positiven Entwicklungen, Charakterzüge und Fähigkeiten sollten immer ein größeres Gewicht haben und als großes Glück bewusst gesehen und wertgeschätzt werden. Fokussieren Sie also im Sinne der bekannten Metapher nicht das Haar in der gelungenen und kostbaren Suppe!
- Übungen sollten das Kind in seinen Schreib- und Lesekompetenzen stärken. Das ist gut so. Ebenso sollte jedes Kind mit LRS oder Legasthenie aber auch in Bezug auf andere Lebensbelange in seinem Selbstwertgefühl gestärkt werden.
Einem Kind, das seine Schwierigkeiten beim Schreiben und/ oder Lesen ja irgendwann kennt, sollte sich zum inneren Ausgleich nach Möglichkeit anderweitiger Talente bewusstwerden, die das Selbstwirksamkeitserleben fördern. Für dieses Gefühl nach dem Motto: »Ich bin kompetent, bin in vielen Bereichen leistungsfähig und erfolgreich und kann durchaus mithalten!« bieten sich viele Bereiche gerade auch jenseits schulischer Diszi-

4.5 Gezielt und ohne Zwang: lernen, üben, trainieren

plinen an. Ob im Sport, im kreativ-künstlerischen Bereich, in Bezug auf handwerkliche Tätigkeiten oder im Kontext kulinarischer Hobbies wie Kochen oder Backen: Jedes Kind braucht seine ureigenen Erfolgserlebnisse. Und das ist besonders dann relevant, wenn spezielle Unzulänglichkeiten das Selbstwertgefühl hin und wieder trüben. Fördern Sie also Ihr Kind bei der Suche und Findung von solchen Möglichkeiten, welche die eigenen Stärken, Potenziale und Erfolge spürbar werden lassen.

In diesem Buch finden sich bewusst keine gezielten Hinweise oder Empfehlungen für einzelne Behandlungsmethoden oder Übungsmaterialien. Diese sollten speziell auf jede betroffene Person zugeschnitten sein. Die entsprechende Auswahl erfolgt deshalb am besten mit Hilfe der Beratungsstellen oder Fachleute, welche die Legasthenie oder LRS diagnostiziert haben oder durch nachfolgende lerntherapeutische Einrichtungen. Hier kann ganz individuell beurteilt werden, welche geeigneten Übungs- und Trainingsmaterialien genutzt werden sollten. Darüber hinaus werden die LerntherapeutInnen oder LehrerInnen in den Schulen oder außerschulischen Förderzentren entsprechend qualifiziere Empfehlungen geben können.

Auch wenn gezielte Übungs- und Fördermaßnahmen eine Legasthenie oder LRS nicht beseitigen können, so ist deren Potenzial schließlich nicht zu unterschätzen. Wie bei vielen Beeinträchtigungen trägt gezieltes Üben und Trainieren immerhin dazu bei, sich im Lesen und/oder Schreiben besser behaupten zu können. Genau dies lindert in der Folge den Leidensdruck, der mit häufigen Fehlern und Unzulänglichkeiten verbunden ist. Insofern fördert die Zunahme der Lese- und Rechtschreibkompetenz unmittelbar auch die Akzeptanz und Bewältigung der Legasthenie oder LRS.

Aktionistisches und undifferenziertes Üben im Schreiben oder Lesen ist jedenfalls nicht empfehlenswert. Zum einen verfehlt stumpfes Pauken, Wiederholen, Abschreiben oder ähnliche Maßnahmen das Ziel, weil es nachhaltig demotiviert. Ich habe es selbst erlebt, wie früher das triste, fade und ritualhaft standardisierte

Üben von mir als Betroffenem als Bestrafung oder Plage erlebt wurde und nicht als gut gemeinte, zuwendungsorientierte Förderung.

Zum anderen sind allzu vereinheitlichte Rechtschreib- oder Leseübungen häufig nicht effizient, weil sie nicht an den individuellen Bedürfnissen ansetzen. Insofern ist eine individuelle Diagnostik eine notwendige Voraussetzung für ein gleichzeitig erfolgversprechendes und motivationsförderndes Förderprogramm.

Was nie verkehrt sein kann und maßgeblich zur Förderung beiträgt, ist, Kinder früh und nachhaltig an das Lesen (und ggf. Schreiben) heranzuführen. Es geht dabei nicht darum, ob und wie ein Kind möglicherweise schon vor der Einschulung Lesen und Schreiben lernt. Entscheidend ist vielmehr, dass Kinder auf natürliche Weise lernen, unterhaltsam und lustvoll mit dem geschriebenen Wort umzugehen – aktiv und zumindest passiv.

Gerade in den modernen Zeiten mit Fernseher, Video, YouTube, Computerspielen etc. ist es hilfreich, wenn Kinder erleben und erfahren, dass es neben all diesen reizvollen Medien und Portalen auch Bücher gibt – und sei es auf dem E-Book-Reader.

Wenn Kinder durch »Lernen am Modell« sehen, dass in ihrem Umfeld gelesen und vorgelesen wird, schafft genau dies die Vertrautheit mit dem Medium Schriftsprache. Und wenn Kindern vorgelesen wird und sie lernen, Geschichten in behaglicher Atmosphäre im »Kopf-Kino« zu erleben, dann werden sie ohne oder mit späterer Legasthenie oder LRS den Kontakt zu diesem Medium halten.

Wie im Abschnitt »Ein kleiner Unfall: Beginn des Durchbruchs« beschrieben, verbessert sich fast jede LRS oder Legasthenie nicht nur durch didaktische Übungen, sondern auch durch Leselust und -routine. Kinder und Jugendliche hierzu zu animieren und gezielt zu fördern, sollte keine der schwierigsten Aufgaben sein.

4.6 An sich selbst glauben: Resilienz entwickeln

Viele aktuelle Fachbegriffe aus dem Bereich der psychosozialen Gesundheitsförderung entstammen der psychologischen Forschung in Bezug auf die menschliche Fähigkeit, persönliche Schicksalsschläge zu verarbeiten, ohne daran zu scheitern. Einen Teil dieser Forschung bildet die sogenannte Resilienzforschung, aus der verschiedene Begriffe einer breiteren Öffentlichkeit bekannt wurden. Dazu gehören die hier z. T. bereits beschriebenen Hilfsmittel:

- *Achtsamkeit* sich selbst und anderen gegenüber
- *Selbstwirksamkeit* oder Selbstwertgefühl
- *Kommunikation* und speziell Mitteilungsfähigkeit
- *Zielorientierung*.

Im Abschnitt »Legasthenie: Makel oder Gewinn« haben wir dargelegt, welche positiven Eigenschaften eine Wissenschaftlerin bei erfolgreichen Gründern und Unternehmern gefunden hatte, die von Legasthenie oder LRS betroffen waren. Trotz ihrer Legasthenie oder LRS war es ihnen gelungen, erfolgreich zu werden und ein bestmöglich erfülltes Leben zu führen.

Zu dieser Gruppe gehören bekanntlich auch einige erfolgreiche Menschen, die nicht Gegenstand der genannten Studie waren. Dazu zählen etwa der Mitbegründer von Apple, Steve Jobs, der Mitbegründer von Microsoft, Bill Gates, der Gründer von Ikea, Ingvar Kamprad, oder der Mitbegründer von Facebook, Mark Zuckerberg, und viele andere. Sie alle gehören zur Liste der Personen, welche von verschiedenen Quellen immer wieder als Menschen mit Legasthenie beziehungsweise LRS beschrieben werden.

Ihren Erfolg verdanken diese Zeitgenossen unter anderem ihrer Resilienz, einem menschlichen Energie- und Kraftpotenzial, das hier im Folgenden eingehender beschrieben wird.

4.6.1 Was ist Resilienz?

Der Begriff »Resilienz« entstammt dem Lateinischen »*resilire*«, was so viel bedeutet wie »zurückspringen« oder »abprallen«, und lässt sich im Deutschen am besten übersetzen mit Widerstandsfähigkeit. Im technischen Kontext bezeichnet der Begriff die Eigenschaft eines Materials oder Werkstoffes, sich verformen zu lassen, ohne zu zerbrechen und anschließend in die ursprüngliche Form zurückzufinden. Man kann dieses Phänomen beobachten etwa bei einer Sprungfeder, einem Stoßdämpfer oder einem Stehaufmännchen.

Im psychologischen Bereich ist damit die Fähigkeit von Menschen gemeint, schwierigen Situationen, wie Traumata, Schicksalsschläge, Verletzungen und andere unheilvolle Ereignisse, erfolgreich zu bestehen, ohne deswegen an Leib und Seele massiven und nachhaltigen Schaden zu nehmen.

Einige Autoren zum Thema Resilienz sprechen deshalb auch von der »Bambus-Strategie« oder dem »Grünholz-Prinzip«. Sie beziehen sich dabei auf die Merkmale und Fähigkeiten der Bambus-Pflanze oder junger Bäume, welche durch ihre flexiblen Eigenschaften außerordentlich widerstandsfähig sind. Sie halten selbst starken Belastungen wie Stürmen oder Erdbeben stand, ohne zu zerbrechen.

Die Resilienzforschung hat ihren Ursprung in der sogenannten »Salutogenese«. Neu an diesem Ansatz war, dass sich Wissenschaftler nicht vorwiegend mit der Ursache von Krankheiten und der Analyse von Störungen beschäftigten (»Pathogenese«). Vielmehr forschten sie danach, warum Menschen trotz widriger und absolut ungünstiger Umstände gesund bleiben. Der Begriff Salutogenese setzt sich zusammen aus dem Lateinischen »*saltus*« = Gesundheit und dem Griechischen »*genisis*« = Ursprung, Ursache. Die damit verbundene Frage lautet deshalb: »Was genau hält die Menschen trotz aller Widrigkeiten und Übel gesund?«

Drei namhafte Resilienzforscher seien hier ausführlicher vorgestellt:

4.6 An sich selbst glauben: Resilienz entwickeln

Der amerikanisch/israelische Soziologie-Professor *Aaron Antonovsky* (1923–1994) untersuchte in einer großen soziologischen Studie Frauen, die in Europa zwischen 1914 und 1923 geboren wurden. Viele von ihnen waren Überlebende des Holocaust und hatten als solche entsprechend dramatische Erlebnisse und seelische wie körperliche Traumata erlebt und überlebt. Dabei fiel Antonovsky auf, dass etwa ein Drittel der ehemals in Lagern internierten Frauen trotz der extremen, ja unmenschlichen Situation, denen sie ausgesetzt waren, mental weitgehend gesund geblieben waren. Diese Erkenntnis war Grundlage für die Entstehung und Entwicklung der Salutogenese.

Die amerikanische Psychologie-Professorin *Emmy Werner* (1929–2017) untersuchte Mitte der Fünfzigerjahre des letzten Jahrhunderts in einer Langzeituntersuchung, der sogenannten »Kauai-Studie«, über 40 Jahre lang etwa 700 Kinder, die 1955 auf der Hawaii-Insel Kauai zur Welt gekommen waren.

210 Studien-Teilnehmer und damit etwa ein Drittel der Kinder wuchsen unter äußerst schwierigen Bedingungen auf: Armut, Krankheit der Eltern, Alkoholismus in der Familie, Vernachlässigung, Scheidung, Misshandlungen prägten ihre Kindheit.

Für zwei Drittel dieser belasteten Teilnehmer blieben die Studienergebnisse zunächst negativ. Sie fielen im Alter zwischen zehn und achtzehn Jahren durch Lern- und Verhaltensprobleme auf, waren mit dem Gesetz in Konflikt geraten oder litten unter psychischen Problemen.

Ein weiteres Drittel der Risikokinder aber entwickelte sich dennoch erstaunlich positiv. Sie absolvierten erfolgreich die Schule, gründeten eine Familie, waren in das soziale Leben eingebunden und setzten sich privat und beruflich realistische Ziele. Im Alter von 40 Jahren war kein Proband aus dieser Gruppe arbeitslos, niemand aus dieser Gruppe war mit dem Gesetz in Konflikt geraten und niemand war auf die Unterstützung von sozialen Einrichtungen angewiesen. Sie hatten sich als nachhaltig resilient erwiesen.

Der österreichische Neurologie- und Psychiatrie-Professor *Viktor Frankl* (1905–1997) gehört zwar ursprünglich nicht zu den klassischen Resilienz-Forschern der ersten Stunde. Dennoch sind seine Person und sein Wirken als Arzt und Therapeut mit dem Thema Resilienz eng verbunden.

Frankl wuchs als Sohn einer jüdischen Familie in Wien auf, wo er nach seinem Medizinstudium als Arzt tätig war. Zusammen mit seiner Frau und seinen Eltern wurde er von nationalsozialistischen Schergen 1942 ins Ghetto Theresienstadt deportiert. Sein Vater starb dort 1943, seine Mutter und sein Bruder wurden in den Gaskammern von Auschwitz ermordet, seine Frau starb im KZ Bergen-Belsen. Frankl selbst wurde in Türkheim, einem Außenlager des Konzentrationslagers Dachau, 1945 von der US-Armee befreit.

Seine in dieser Zeit gemachten Erfahrungen und Erlebnisse verarbeitete er in dem Buch »Trotzdem Ja zum Leben sagen – Ein Psychologe erlebt das Konzentrationslager«. Trotz all seiner Erfahrungen und Schicksalsschläge lebte Frankl ein erfülltes Leben als Mensch, Wissenschaftler und Arzt. Noch im Alter von 67 Jahren beendete er eine Ausbildung zum Privatpilot und erlangte den Pilotenschein.

Frankl stellte fest, dass der Mensch zwar mitunter durch schwierige oder bedrohliche Umstände extrem belastet wird, er aber zu seinen inneren und äußeren Umständen Stellung nehmen und sich entscheiden kann, wie er sich dazu verhält. Hierzu Frankl:

»... die letzte der menschliche Freiheiten [besteht darin], sich zu den gegebenen Verhältnissen so oder so einzustellen.«

Die hier dargestellten Erkenntnisse der Resilienzforschung zeigen, dass es trotz selbst schwerwiegender Krisen und Einschnitte in unser Leben gelingen kann, ein erfolgreiches und erfülltes Leben zu führen. Diese Schlussfolgerung gilt mit Sicherheit auch für weit weniger einschneidende Ereignisse, wie das Auftreten eine Legasthenie oder LRS.

Die o. g. ResilienzforscherInnen wollten schließlich nicht nur nachweisen, dass Hindernisse oder auch wirklich dramatische Einflüsse im Leben ohne fatale Folgen bewältigt werden können. Sie wollten durch ihre Studien auch herausfinden, mit welchen konkreten Mitteln und unter welchen Bedingungen es gelingen kann, zu verhindern, dass Menschen aufgrund widriger Ereignisse und Umstände langfristig abgleiten in Demotivation, Ohnmachtsgefühle, Passivität und Hilflosigkeit.

Resiliente Menschen zeigen nämlich in den erwähnten Studien trotz aller Widrigkeiten ein gutes oder im wahrsten Sinne des Wortes »gesundes« Maß an:

- Zuversicht und Gelassenheit
- Mut
- Eigeninitiative
- Selbstvertrauen («Selbstwirksamkeitsgefühle«)
- Beharrlichkeit und Disziplin sowie die
- innere Bereitschaft, Herausforderungen anzunehmen.

Wie diese Forschungsrichtung zeigt, ist Resilienz nicht zufällig und rein schicksalshaft. Sie entsteht vielmehr aus einer Mischung von Grundeinstellungen und Verhaltensweisen, die Menschen widerstandsfähig machen. Ein Teil dieser Faktoren ist tatsächlich erworben, also mit Erbfaktoren oder wenig veränderbaren Wesens- oder Charaktermerkmalen verknüpft. Ein anderer Teil dagegen ist erwerbbar und damit durchaus lern- und trainierbar.

Das bedeutet, dass es sich im Bereich Resilienz verhält wie mit anderen menschlichen Fähigkeiten: So gibt es begnadete Talente, die scheinbar von Natur aus – also ohne langwierige Übungen und Trainings – besondere Fähigkeiten beherrschen. Das ist in der Musik so, in der bildenden Kunst, im Handwerk oder der Schriftstellerei: Manchen Menschen sind ihre Talente einfach gegeben. Andere Menschen dagegen können – oder besser müssen – derartige Fähigkeiten mit etwas mehr Einsatz und Ausdauer erlernen und einüben, auch wenn sie möglicherweise in dieser Disziplin nie perfekt werden. Optimistisch ausgedrückt bedeutet dies also, dass die menschliche Resilienz in mancherlei Hinsicht durchaus ausbau- und entwicklungsfähig ist.

4 Legasthenie bewerten und bewältigen

Je nach Autor werden in der Literatur zum Thema Resilienz bis zehn unterschiedliche Grundfähigkeiten benannt. Wir haben hier der Einfachheit halber die wichtigsten dieser Aspekte zu fünf übersichtlichen Faktoren zusammengefasst:

1. *Logisch-analytische Fähigkeit und Achtsamkeit*
Resiliente Menschen sind in der Lage, ihre Situation sachlich und im Bemühen um eine möglichst objektive Sichtweise zu analysieren. Dabei erkennen sie Gesetzmäßigkeiten, Zusammenhänge von Ursache und Wirkung oder Regeln, nach welchen sie sich selbst oder ihre Umwelt bewegen und verhalten. Sie sind in der Lage, eigene Verhaltensmuster oder Eigenschaften an sich selbst und bei anderen Menschen zu erkennen und hieraus Schlussfolgerungen abzuleiten. Ebenso können sie gut abschätzen, welche Auswirkungen mögliche Verhaltensweisen haben und welche Verhaltensalternativen sich anbieten. Mit anderen Worten: Menschen mit einer stabilen Resilienz haben eine ausgeprägte Selbstreflexion.
Zusammen mit ihrer sozialen Kompetenz (s. u.) befähigt sie dies zur Achtsamkeit gegenüber dem eigenen Befinden und dem Befinden anderer. Beides ist die Voraussetzung für das Erkennen von Störungen, Grenzen oder Beeinträchtigungen und damit der Einleitung und Verfolgung von Lösungen für diese Probleme.
2. *Soziale Kompetenz und Bindungsfähigkeit*
Resiliente Menschen nutzen ihre soziale Kompetenz, um Kontakte zu knüpfen und zu pflegen. Statt sich mit ihrem Leid und Schicksal in sich selbst zu vergraben und zu isolieren, teilen sie sich anderen mit. Sie suchen Hilfe, Halt, Rat und Unterstützung bei Freunden, Bekannten, professionellen Helfern oder in Netzwerken. Hier finden sie Verständnis, Rat, Solidarität, Unterstützung und Trost. Dabei hilft ihnen ihre Empathie und ihre Fähigkeit, offen auf andere Menschen zuzugehen.
3. *Realistischer Optimismus*
Widerstandsfähige Menschen sind bedacht und vorsichtig –

aber nicht ängstlich. Wenn sie Herausforderungen gegenüberstehen oder selbst etwas Neues ausprobieren, denken sie nicht (nur) daran, was alles passieren oder schief gehen könnte. Sie sind vielmehr zuversichtlich und vertrauen mit »gesundem« Optimismus darauf, dass die Dinge, die sie sich vorgenommen haben, gut ausgehen werden. Dabei sind sie zwar guten Mutes, gehen aber nicht allzu euphorisch oder bloß im blinden Vertrauen ans Werk.

4. *Zielorientierung*
Erfolgreiche Menschen setzten sich konkrete und motivierende Ziele. Wie die Resilienzforschung zeigt, haben viele Menschen bedrohliche und schicksalshafte Situationen und Niederschläge vor allem deshalb überwunden, weil sie in der Lage waren, durch selbstgesetzte Vorhaben nach vorne, also zukunftsgewandt und damit lösungsorientiert zu denken und zu handeln.

Diese resilienten Menschen stecken sich klare, optimistische, aber trotz »gesundem« Optimismus auch realistische Ziele in Bezug auf ihre persönliche oder berufliche Entwicklung und Zukunft. Ganz im Sinne von: »Ich weiß, was ich erreichen will!«

5. *Selbstvertrauen*
Die Resilienzforschung hat hierfür einen besonderen Begriff geprägt, nämlich den der »Selbstwirksamkeitsüberzeugung«. Umgangssprachlich bedeutet dieser Fachausdruck in etwa »Selbstvertrauen« oder »Selbstbewusstsein«, also das Vertrauen in sich selbst als denkender, planender, handelnder und letztlich auch erfolgreicher Mensch.

In der Psychologie ist die Fähigkeit des Selbstvertrauens verbunden mit der sog. »Kontrollüberzeugung«, d. h. dem inneren Glauben, selbst in schwierigen und unübersichtlichen Situationen immer noch einen Teil der Kontrolle oder Bestimmung über sich selbst, die konkrete Situation und die eigene Zukunft behalten zu können.

Menschen mit einem hohen Selbstvertrauen erinnern sich daran, dass sie im Leben bereits manche schwierige Situation gemeistert haben. Sie haben Prüfungen bestanden, Wettkämpfe bestritten, Krisen überwunden, schwierige Situationen gemeistert. Und dabei haben sie die Erfahrung fest verinnerlicht, dass diese kleineren und größeren Erfolge letztlich auf ihr eigenes Konto gehen.

So haben sie gelernt und sind überzeugt, dass sie über eigene Kompetenzen und Potenziale verfügen, selbst in kniffligen Situationen etwas bewirken zu können und individuelle Lösungen für sich zu finden, also nicht rein passive Opfer ihres Schicksals zu sein. Entsprechend diesem Erleben sowie dem Glauben an die eigene Selbstwirksamkeit sind resiliente Menschen aktiv, indem sie ihre Energie, Zuversicht und Kompetenz zielorientiert einsetzen.

Wie sich zeigt, ergänzen sich einige dieser Faktoren gegenseitig. Wer analytisch denkt, kann in Verbindung mit sozialer Kompetenz besser Verhaltensmuster erkennen und daraus Lösungshypothesen ableiten. Andererseits sind Selbstwirksamkeitsüberzeugungen in Verbindung mit realistischen Zielen und Optimismus eine gute Basis, um erfolgreich Auswege aus schwierigen Situationen zu finden.

Menschen sind in Bezug auf ihre Resilienz-Potenziale also sehr unterschiedlich. Einige haben durch genetische Faktoren oder durch »Lernen am Modell« in der Familie sowie durch kulturelle Gepflogenheiten ein größeres Resilienz-Potenzial mitgebracht. Andere hingegen bedürfen hierbei der nachhaltigen Förderung und Unterstützung.

4.6.2 Bedeutung der Resilienz für Eltern, Lehrer, Bezugspersonen

Die beschriebenen Resilienz-Faktoren sind sowohl für Erwachsene als auch für Kinder relevant. Der gravierende Unterschied ist dabei, dass sich diese Faktoren bei Kindern erst zunehmend bilden und entwickeln müssen.

4.6 An sich selbst glauben: Resilienz entwickeln

Um die gesundheitserhaltende und -fördernde Wirkung dieser Resilienz-Elemente in Bezug auf die seelische und geistige Entwicklung zu unterstützen, sollten die oben genannten fünf Faktoren bereits im Kindes- und Jugendalter gefördert und gepflegt werden. Dies gilt insbesondere für Kinder, die mit Handikaps oder Hindernissen ihren Weg in die Welt der Schule und später des Berufes antreten müssen.

1. Logisch-analytische Fähigkeit und Achtsamkeit

Kinder mit Legasthenie oder LRS sollten ihr Handikap kennen und realistisch einschätzen können. Das bedeutet zu wissen, wo Beeinträchtigungen wirken und wodurch sie entstehen, nämlich durch die eigene Unzulänglichkeit beim Wahrnehmen und Erkennen geschriebener Worte.

Dazu gehört aber auch die Erkenntnis kompensatorischer Fähigkeiten. Ganz nach dem Motto: »Ich bin zwar nicht so gut im Schreiben oder Lesen. Aber ich bin super im Sport, beim Basteln, beim Malen oder bei Geschichtenerzählen.«

Und ebenso gehört dazu die Erkenntnis oder der feste Glauben daran, dass diese partielle Schwäche keine gravierende Auswirkung hat auf ein erfülltes und erfolgreiches Leben.

2. Soziale Kompetenz und Bindungsfähigkeit

Für diesen Kompetenzbereich ist es hilfreich, die betroffenen Kinder oder Jugendlichen zu ermutigen, Kontakte zu knüpfen und zu pflegen zu Freunden, Familienmitgliedern, Paten u. a. m.

So hatte ich damals als Kind von Eltern, die ihre Liebe und Aufmerksamkeit auf immerhin acht Kinder verteilen mussten, eine Art Ersatz-Großeltern oder besser »Ergänzungsgroßeltern« in der Nachbarschaft gefunden. Als berentetes, älteres Ehepaar ließen mich unsere Nachbarn in ihrem Garten spielen, mit ihrem Hund ausgehen oder sie bewirteten mich hin und wieder zum Abendbrot in ihrem behaglichen Zuhause. Hierbei versorgten sie mich als interessiert lauschenden Zuhörer nebenbei u. a. mit interessanten Informationen aus der römischen oder mittelalterlichen Geschichte meiner Heimatstadt Köln.

Allein die Erfahrung, dass ich hier ein willkommener, wertgeschätzter kleiner Gast war, der die ungeteilte Aufmerksamkeit meiner freundlichen Gastgeber genoss, hatte auf mich einen wohltuenden und heilsamen Einfluss.

Umgekehrt ist es für Eltern und das erwachsene Umfeld wichtig, nicht nur das Kind zu solchen Kontakten zu ermutigen, sondern ebenso Freunde, Bekannte zu animieren, betroffenen Kindern oder Jugendlichen derartige Angebote zu ermöglichen: Freunde, Nachbarn, (Paten-)Onkel und Tanten oder Großeltern.

3. Realistischer Optimismus

Vielleicht hatte ich es als geborener Rheinländer »im Blut« oder besser in den Genen. Schließlich lautet eines der kulturell verankerten und damit wesentlich prägenden Grundgesetze der Rheinländer beziehungsweise Kölner: »Et hätt noch immer jot jejange!« oder im Hochdeutschen: »Es ist noch immer gut (aus-)gegangen!«

Diese optimistische Grundeinschätzung ist jedoch nicht immer und überall selbstverständlich. Um von der Hypothese »Alles wird gut!« zum überzeugenden Leitmotiv zu werden, bedarf es der nachhaltigen Unterstützung und Bestätigung.

Die in der Einleitung dieses Buches dargestellte Liste von Menschen mit Legasthenie oder LRS zeigt, dass es diesen Protagonisten trotz ihrer Einschränkung gelungen ist, Unternehmer, Ärztin, Politiker, Film- oder Fernsehstar, Sportskanone oder sogar eine erfolgreiche Schriftstellerin zu werden – ungeachtet ihrer Einschränkung.

Diese Erkenntnis sollten sich Betroffene ebenso vergegenwärtigen wie alle Angehörigen oder Fachkräfte, welche Kinder und Jugendliche mit Legasthenie oder LRS unterstützen. Denn diese Tatsache unterstützt den für eine gute Zukunft mehr als hilfreichen Optimismus im Sinne von: »Ich kann und werde es schaffen, ein gutes, erfolgreiches und erfülltes Leben zu führen!«

4. Zielorientierung

Apropos Erfolg: echter Erfolg ist – anders als Glück – schließlich nichts anderes, als mit eigenen Kräften ein angestrebtes, konkretes Ziel zu erreichen. Kinder und Jugendliche sind in ihrer Zielorientierung noch unsicher und vage. Aber das ist letztlich nicht entscheidend. Auch ich wollte mit fünf bis sechs Jahren zunächst Müllmann werden, wegen der auffälligen, ehrfurchtsgebietenden, großen und lauten Müllautos und deren faszinierender hydraulischen Mechanik. Später dann wollte ich doch lieber Ingenieur werden, wie mein Onkel Paul. Anschließend veränderte sich mein Berufsziel noch weitere Male.

Aber unabhängig von der Aktualität und Ernsthaftigkeit der Wünsche und Ziele ist entscheidend: dass es ein Wunschziel gibt und dass es von mir und anderen als realistisch gesehen wird.

Abgesehen von den für Kinder eher ferneren Berufszielen ist es im Sinne der Resilienzförderung hilfreich, grundsätzlich zu lernen, sich Ziele zu setzen. Werden diese Ziele dann erreicht, steigt in der Folge auch das Selbstwirksamkeitserleben mit der nachhaltigen Erfahrung: »Ich schaffe etwas!« (genereller Optimismus) oder: »Ich schaffe das, was ich mir vorgenommen habe!« (zielgerichteter, spezieller Optimismus). Dies funktioniert nicht nur bei langfristigen und anspruchsvollen Ausbildungs- oder Berufszielen, sondern auch bei übersichtlicheren, kleineren Zielen.

Insofern sollte es natürlich nicht das Ziel sein, Kindern oder Jugendlichen mit Legasthenie oder LRS als Ziel anzudienen, (annähernd) fehlerfrei zu lesen oder zu schreiben. Schließlich wäre genau das ein unrealistisches Ziel, das in der Folge unweigerlich zum Misserfolg und zu Demotivation führen würde.

Stattdessen bieten sich bei der Auswahl möglicher Ziele – wenn überhaupt im schulischen Bereich – andere Fächer oder Disziplinen an als solche, die speziell mit Lese- oder Rechtschreibleistungen in Verbindung stehen. Und darüber hinaus empfehlen sich für nachhaltige Erfolgserlebnisse durchaus diverse Freizeitaktivitäten.

Ein grüner Gürtel beim Judo, ein »Seepferdchen« als Beweis der ersten Schwimmfähigkeiten für jüngere Kinder oder später gar ein Schwimmabzeichen in Bronze, ein Sportabzeichen in der Leichtathletik und viele andere Anerkennungen im Sport- oder Freizeitbereich können Anreiz sein und Ziel und damit in der Erreichung auch als Bestätigung und Verstärkung wirken.

5. Selbstvertrauen

Begründetes und nachhaltiges Selbstvertrauen ist das Ergebnis aus der Resilienz-Dynamik der Einzelschritte:

1. Zielorientierung
2. realistischer Optimismus
3. Unterstützung durch soziale Kontakte
4. Zielerreichung.

Der sich aus dieser Abfolge ergebende Erfolg schafft und sichert schließlich genau das, was man als Selbstwertgefühl, Selbstvertrauen oder Selbstwirksamkeit bezeichnet. Und dieses Selbstvertrauen fördert dann wiederum die Fähigkeit und Bereitschaft zu sozialen Kontakten, den gesunden Optimismus und die Bereitschaft, sich aus den positiven Erfahrungen heraus neue Ziele zu setzen.

Wer also Kinder und Jugendlichen mit Legasthenie oder LRS bei der Bewältigung oder Überwindung ihrer partiellen Einschränkung unterstützen will, sollte sich an diesen beschriebenen Resilienz-Potenzialen orientieren.

4.6.2 Selbstbewusstsein: Schutzfaktor für Betroffene

Wenn eine Legasthenie oder Lese-Rechtschreib-Störung einmal diagnostiziert ist, dann ist diese nicht »heilbar«. Selbst wenn es gelingt, durch eine frühe und intensive Förderung die Rechtschreib-

und Lese-Kompetenzen zu stabilisieren oder zu verbessern, wird die grundsätzliche Beeinträchtigung als solche bleiben.

Dies gilt auch dann, wenn die Möglichkeiten der Förderung nicht zu unterschätzen sind. Schließlich besteht insofern unter TherapeutInnen und WissenschaftlerInnen weitestgehend Einvernehmen darin, dass durch eine frühe und gezielte Förderung das Lese- und Rechtschreib-Niveau von Menschen mit Legasthenie oder LRS immerhin verbessert oder bestenfalls gar der Normalleistung angenähert werden kann. Das gilt heute umso mehr, zumal sich aktuell die normale Rechtschreib- und Leseleistung tendenziell verschlechtert hat (vgl. »Aus der Mode gekommen: Rechtschreibung heute«).

Es wird also eine gewisse Beeinträchtigung bleiben und damit die Gefahr, dass diese partielle Einschränkung von den Betroffenen selbst oder aber von deren Umgebung als »Mangel« oder gar als »Behinderung« gewertet wird.

Aus diesem Grund ist es essenziell, den Schwerpunkt der Unterstützung neben der Förderung der Lese- und Schreibkompetenz auf die psycho-soziale Stabilisierung zu richten. Diese ist für eine gesunde Entwicklung der betroffenen Kinder und Jugendlichen letztlich entscheidender als die Anzahl der Schreibfehler im Diktat oder die Qualität und Flüssigkeit des Lesens.

Zudem gelingt konzentriertes Lesen oder Rechtschreiben in der Regel besser, wenn diese Aufgaben mit optimistisch geprägtem Selbstbewusstsein ausgeführt werden. Haben Kinder oder Jugendliche erst einmal die Grundhaltung angenommen: »Ich kann das nicht!« oder die Prognose verinnerlicht: »Ich werde – wie immer – viele Fehler machen!«, dann ist mit dieser negativen Selbstwahrnehmung der Misserfolg beinahe vorprogrammiert.

Für Kinder, Jugendliche und Erwachsene gilt also gleichermaßen: Mit einem Handikap ein selbstbewusstes und erfülltes Leben zu führen, ist in jedem Fall ungleich schwerer als für Menschen ohne eine wahrnehmbare Beeinträchtigung. Und gerade deshalb brauchen Betroffene ein gutes Stück mehr von dieser heilsamen Resilienz.

4 Legasthenie bewerten und bewältigen

Durch eine Legasthenie oder LRS sind jedoch nicht nur die Kinder und Jugendlichen belastet. Die mit der Bewältigung verbundene Herausforderung kann auch die gesamte Familie betreffen. Dies gilt nicht nur dann, wenn betroffene Kinder und Jugendliche beginnen, begleitende Auffälligkeiten im (Sozial-)Verhalten zu entwickeln (vgl. Abschnitt »Ein kleines Biest: Verhaltensstörung als Nebeneffekt«).

Wenn dies der Fall ist, sollten auch die Eltern für ihre eigene Resilienz Sorge tragen und ebenso für die Stabilität weiterer Geschwister. Wie meine eigene persönliche Schilderung zeigt (s. o.), waren insofern meine Eltern selbst vor mehr als 50 Jahren ausreichend problembewusst, mutig und lösungsorientiert, um eine Familienberatungsstelle aufzusuchen und um Rat zu fragen. Einer der Gründe war auch, dass ich seinerzeit begann, als betroffenes Kind zeitweise verhaltensauffällig zu werden und Unruhe in die Familie zu tragen.

Die oben beschriebenen Resilienzfaktoren:

- analytische Situationsklärung
- Nutzung der Hilfe von außen
- realistischer Optimismus
- konkrete Zielsetzung
- Selbstvertrauen in die eigenen Fähigkeiten

sollten auch seitens der Familie zu deren Nutzen in Anspruch genommen werden. (Familien-)Beratungsstellen oder Selbsthilfegruppen können diesbezüglich nützliche Dienste leisten. Hiervon als Eltern Gebrauch zu machen, sollte ein gutes Zeichen sein für ein gesundes Selbstbewusstsein und die ebenso wichtige Achtsamkeit.

5

Schlusswort

Ob man Legasthenie oder LRS nun als Störung bezeichnen sollte, als Erkrankung oder als Behinderung ist mir persönlich nicht sonderlich wichtig. Zuweilen finde ich heutzutage die Diskussion darüber überzogen, ob bestimmte Begriffe einen Hauch von Diskriminierung enthalten könnten. Gleichwohl erachte ich das grundsätzliche Bemühen um eine diskriminierungsfreie Sprache natürlich durchaus für richtig und notwendig.

Ich selbst empfinde und empfand mich durch meine Legasthenie und deren direkte und indirekte Folgen durchaus als beeinträchtigt, eingeschränkt oder im weitesten Sinne auch als »behindert« bei bestimmten Tätigkeiten. Mitunter fühlte ich mich deshalb tatsächlich benachteiligt in meinem Recht, als vollwertiges, zumindest normal kluges Kind gesehen und als solches behandelt und wertge-

5 Schlusswort

schätzt zu werden. Und natürlich behindert eine Legasthenie oder LRS im täglichen Umgang mit Wort und Schrift insbesondere das Erfolgserleben in der Schule. Diese Beeinträchtigung teile ich aber mit sehr vielen anderen Menschen oder vermutlich mit der Mehrzahl aller Menschen, die in irgendeiner Form ein begrenztes und undramatisches Handikap zu bewältigen haben.

Natürlich habe ich deshalb in eher jungen Jahren mit meiner Legasthenie durchaus einige Tiefen durchlebt. Aber ich habe mich niemals wirklich in irgendeiner Form etwa als Behinderten verstanden und empfunden, also als Mensch, der sich allein oder vor allem durch sein Handikap auszeichnet. Insofern verstehe und verstand ich mich auch nicht als »Legastheniker«, sondern als Mensch, dem neben vielen anderen Eigenschaften und Merkmalen unter anderem auch eine Legasthenie zugehörig ist. Ob und wie sehr man sich als behindert versteht, ist letztlich davon abhängig, wie sehr man sich selbst behindert fühlt.

Aus diesem Grund spreche ich selbst im Übrigen niemals von »Legasthenikern«, »Diabetikern«, »Depressiven« etc., sondern immer nur von Kindern, Jugendlichen oder Menschen *mit* Legasthenie oder eben anderen Handikaps. Ich tue das, weil ich finde, dass niemand auf solche Nebensächlichkeiten oder Eigenschaften reduziert werden sollte.

Dank meiner Eltern und mancher LehrerInnen habe ich gelernt, mit meinem Handikap Legasthenie zu leben. Dankbar bin ich über diesen Personenkreis hinaus den bereits in meinen Kindheitstagen vorhandenen Pädagogen und Psychologen, insbesondere in den schulpsychologischen Beratungsstellen. Diese Fachkräfte waren enorm wichtig, um meinen Eltern und später auch mir selbst transparent und verständlich zu machen, dass ich partiell eingeschränkt bin in meiner Lese- und Rechtschreibkompetenz – dass ich aber keinesfalls dumm bin oder unfähig.

Dass ich trotz meines Handikaps Schule, Studium und meine berufliche Entwicklung erfolgreich gestalten konnte, macht mich ebenso zufrieden wie demütig. Ich bin zwar nicht aufgestiegen in die Liga der von LRS betroffenen prominenten Überflieger dieser Welt, wie in der Liste aus der Einleitung dieses Buches. Aber das war auch nie mein innerstes Bedürfnis oder Ziel.

Was für mich entscheidend war und ist: Ein möglichst erfülltes und von den inneren Werten getragenes Leben führen zu können. Ein Leben, in dem nicht alles formal perfekt und nach normativen Kriterien »richtig« war; erst recht nicht meine Art, manche Wörter zu schreiben.

Jeder hat in dieser Welt im übertragenen Sinn »sein Päckchen« zu tragen. Kaum jemanden fällt alles in den Schoß. Und den wenigen Menschen, denen alles gegeben und geschenkt wird, fehlt vielleicht die Gelegenheit zu lernen, dass man sich manches erkämpfen und erarbeiten muss. Oder dass es hilfreich sein kann zu lernen, das ein oder andere Ziel auf Nebenwegen oder über selbstgeschaffene Pfade zu erreichen.

Mein Päckchen hieß Legasthenie oder LRS. Aber das ist für mich persönlich schon lange keine echte Bürde mehr, allenfalls hier und da ein wenig lästig.

Ich hoffe, dass dieses Buch einigen Betroffenen oder deren Eltern Mut macht, an sich oder die eigenen Kinder zu glauben und gewiss zu sein, dass mit Legasthenie oder LRS ein zufriedenstellendes oder »beglücktes« Leben möglich ist – weit über mein eigenes Beispiel hinaus.

6

Literatur

August, G. & Garfinkel, B. (1990): Comorbidity of ADHD and reading disability among clinic-referred children. *Journal of Abnormal Child Psychology*, 34/6, 435–444.

Deutsche Gesellschaft für Kinder und Jugendpsychiatrie, Psychosomatik und Psychotherapie (DGKJP) (2015): *Diagnostik und Behandlung von Kindern und Jugendlichen mit Lese- und/oder Rechtschreibstörung.* Berlin.

Doerry, M. (2021): Deutschland verlernt das Schreiben.: *SPIEGEL Kultur, Spiegel Online*, 12.02.2021.

Esser, G. et al (2002): Was wird aus Achtjährigen mit einer Lese- und Rechtschreibstörung – Ergebnisse im Alter von 25 Jahren. *Zeitschrift für Kinder Jugendpsychiatrie und Psychotherapie*, Heft; 31, 235–242.

Esser, G. & Schmidt, M. (1994): Children with specific reading retardation: Early determinants and long-term outcome. *Acta Paedopsychiatrica – International Journal of Child & Adolescent Psychiatry*, 56/3, 229–237.

Furman, B. (2013): *Es ist nie zu spät, eine glückliche Kindheit zu haben.* Dortmund.

6 Literatur

Gamillscheg, H. (2002): Prinzessin bekennt sich zu ihrer Legasthenie. *Kölner Stadtanzeiger* Online 14.08.2002.

Gartner, B. (2006): Schlechte Noten im Erbgut. *DIE ZEIT*, Nr. 51/06.

Galuschka, K., Schulte-Körne, G. (2016): Diagnostik und Förderung von Kindern und Jugendlichen mit Lese- und/oder Rechtschreibstörung. *Deutsches Ärzteblatt*, 113, 279–286.

Gottschling, C. (1994): Legasthenie – Falsche Klänge im Kopf. *FOCUS Magazin*, Nr. 51/94.

Grimm, T. (2006): Schicksal Legasthenie. Aus: Genetik kinder- und jugendpsychiatrischer Erkrankungen. *Medizinische Genetik* 18, Heft 2, 145–150.

Grimm, T. (2011): Neues zur Genetik der Legasthenie. *LeDy – Mitgliederzeitschrift des Bundesverbandes Legasthenie*, Heft 2, 6–9.

Haller, R., Schuhrke, B. (Autoren), Hrsg. BzGA (Bundeszentrale für gesundheitliche Aufklärung) (2003): *Anders als Erwachsene – Grundlagen und Hilfen zur Erstellung von Info-Material für Kinder und Jugendliche mit chronischen Erkrankungen.* Köln. Kostenloser PDF-Download über die BzGA.

Ho, C., Bryant, P (1997): Phonological skills are important in learning to read Chinese. *Developmental Psychology*, 33, 946–951.

Logan, J. (2009): Dyslexic Entrepreneurs: The Incidence; Their Coping Strategies and Their Business Skills. *Dyslexia* (15.11.2009), 328–346.

Lutz, J. (2010): Legastheniker sind ehrlicher. Interview mit der Wissenschaftlerin Julie Logan in der Süddeutsche Zeitung, Rubrik Karriere. 17. Mai 2010, SZ Online.

Machowecz, M. (2021): Bodo Ramelow: Wie hat die Legasthenie Sie beeinflusst, Bodo Ramelow? »Ich bekam eine Sechs nach der anderen«. Interview in: *DIE ZEIT* Nr. 20/2021, 12. Mai 2021.

May, P. (2002): Hamburger Schreibprobe. 1–9, Hamburg 2002. Zitiert nach: Scheerer-Neumann, G. (2015): Lese-Rechtschreib-Schwäche und Legasthenie – Grundlagen, Diagnostik und Förderung. Stuttgart, S. 21.

Morgan, W. (1896): A case of congenital word-blindness. *British Medical Journal*, 2, 1378.

Ranschburg, P. (1916): *Die Leseschwäche (Legasthenie) und Rechenschwäche (Arithmasthenie) der Schulkinder im Lichte des Experiments*. Berlin:Verlag Julius Springer, Berlin.

Scheerer-Neumann G. (2015): *Lese-Rechtschreib-Schwäche und Legasthenie – Grundlagen, Diagnostik und Förderung.* Stuttgart.

Schulte-Körne, G. et al (2006): Zur Genetik der Lese-Rechtschreibschwäche. *Zeitschrift für Kinder- und Jugendpsychiatrie und Psychotherapie*, 4/6, 435–444.

6 Literatur

Schulte-Körne, G. & Remschmidt, H. (2003): Legasthenie – Symptomatik, Diagnostik, Ursachen, Verlauf und Behandlung. *Deutsches Ärzteblatt*, 100/7 A-396/B-350/C-333.

Schwarzenbach, R. (2017): Das Niveau der Studierenden ist zum Teil erschreckend. *Neue Züricher Zeitung Online*, 05.05.2017.

Seymour, P. et al. (2003): Foundation Literacy Acquisition in European Orthographies. *British Journal of Psychology*, 94, 143–174.

Strehlow, U. et al. (1992): Der langfristige Verlauf der Legasthenie über die Schulzeit hinaus: Katamnesen aus einer kinderpsychiatrischen Ambulanz. *Zeitschrift für Kinder Jugendpsychiatrie und Psychotherapie*, Heft 20, MEDLINE, 254–265.

Warnke, A. et al (2002): *Legasthenie – Leitfaden für die Praxis*. Göttingen.

Wachter, D. (2017): Jamie Oliver ist der beliebteste Koch der Welt – so geht er mit seiner größten Schwäche um. *Stern online* 07.12.2017.

Wolf, M. (2010): *Das lesende Gehirn: Wie der Mensch zum Lesen kam – und was es in unseren Köpfen bewirkt*. Heidelberg.

Wolfsgruber, A. (2019): Bodo Ramelow gesteht bei »Markus Lanz«: »Bin Legastheniker!«. Focus online – TV-Kolumne, 16.01.2019.

WHO (2021): *Internationale statistische Klassifikation der Krankheiten und verwandter Gesundheitsprobleme (ICD-10)*, 10. Revision (German Modification) Version 2021; zitiert nach: Internetportal des Deutsches Instituts für Medizinische Dokumentation und Information, Köln, April 2021.

7

Literaturempfehlungen

Ausgewählte, weiterführende Literatur für Eltern, Bezugspersonen, Betroffene, PädagogInnen oder BeraterInnen.

Legasthenie und LRS

Küspert, P. (2018): Neue Strategien gegen Legasthenie – Lese- und Rechtschreibschwäche: erkennen, vorbeugen, behandeln. München: ObersteBrink Verlag.

Sprenger, D., Sprenger, J. (2014): Lese-Rechtschreibstörung. Ein Leben mit LRS – Wege und Chancen. Stuttgart: Schattauer Verlag.

Warnke, A. et al (2002): Legasthenie – Leitfaden für die Praxis. Göttingen: Hogrefe Verlag.

Scheerer-Neumann, G. (2015): Lese-Rechtschreib-Schwäche und Legasthenie – Grundlagen, Diagnostik und Förderung. Stuttgart: Kohlhammer Verlag.

7 Literaturempfehlungen

Resilienz

Berndt, C. (2015): Resilienz. Das Geheimnis der psychischen Widerstandskraft. Was uns stark macht gegen Stress, Depressionen und Burn-Out. München: dtv Verlag.

Brooks, R. & Goldstein, S. (2017): Das Resilienz-Buch: Wie Eltern ihre Kinder fürs Leben stärken. Stuttgart: Klett-Cotta.

Scholz, F. (2018): Stärken-Schatzkiste für Kinder und Jugendliche: 120 Karten mit 12-seitigem Booklet in stabiler Box (Beltz Therapiekarten). Weinheim: Beltz Verlag.

8

Hilfreiche Adressen

Unter diesen Kontakt-Adressen finden Sie weiterführende Informationen zur Diagnose, Beratung und Förderung von Menschen mit LRS beziehungsweise Legasthenie:

Deutschland

Bundesverband Legasthenie und Dyskalkulie e.V
Alemannenstr. 5
53175 Bonn
Telefon: +49 228. 38 75 50 54
E-Mail: info@bvl-legasthenie.de
Internet: https://www.bvl-legasthenie.de

8 Hilfreiche Adressen

Schulpsychologie.de GbR

Klosterstraße 33
48143 Münster
E-Mail: kontakt@schulpsychologie.de
Internet: https://www.schulpsychologie.de
Anmerkung: Gutes Portal zur Findung bundesweiter schulpsychologischer Dienste und Beratungsstellen

Beratungsstellen

LegaKids Stiftungs-Gmbh (gemeinnützig)

Bothmerstraße 20
80634 München
Telefon: + 49 89. 130 136 00
E-Mail: buero@legakids.net
Internet: https://www.legakids.net

Elternwissen (privatrechtlich / kommerziell)

Theodor-Heuss-Straße 2–4
53177 Bonn
Telefon: +49 228. 9 55 04 20
E-Mail: kundenservice@elternwissen.com
Internet: https://www.elternwissen.com/
Anmerkung: Umfassende Information zu Beratungsangeboten auf Landesebene unter dem Stichwort »Beratung bei Legasthenie«

Institut für Legasthenie & ADHS-Training (privatrechtlich / kommerziell)

Karl Beinstein KG
Florianigasse
52763 Pernitz
E-Mail: kontakt@schlaudino.com
Internet: https://www.schlaudino.com

Österreich

Erster Österreichischer Dachverband Legasthenie gGmbH

Feldmarschall Conrad Platz
79020 Klagenfurt am Wörthersee
Telefon: +43 463 55660
E-Mail: office@legasthenie.at
Internet: https://www.legasthenie.at

Schulpsychologische Bildungsberatung

Bundesministerium für Bildung, Wissenschaft und Forschung
Abteilung Schulpsychologie, Gesundheitsförderung und psychosoziale Unterstützung, Bildungsberatung
Freyung
11010 Wien
Telefon: +43 (0)1 53120-2584
E-Mail: schulpsychologie@bmbwf.gv.at
Internet: https://www.schulpsychologie.at/lernen-lernerfolg/leserechtschreibschwaeche

Schweiz

Verband Dyslexie Schweiz

Oberfeldstrasse 12d
8302 Kloten
Telefon: +41 44 803 95 34
E-Mail: info@verband-dyslexie.ch
Internet: https://www.verband-dyslexie.ch

8 Hilfreiche Adressen

Schulpsychologie.ch

https://www.schulpsychologie.ch
Anmerkung: Gute Übersicht über Ansprechpartner in den Kantonen

9 Index

A
Aufmerksamkeitsdefizit 29

B
Begriffsfindungsnot 97
Bewältigungsstrategien 93

C
Clownerie 98

D
Definition Legasthenie 19
Diagnostik 96
Dyskalkulie 24
Dyslexie 20, 23

E
Entwicklungsstörung 21

F
Familienberatungsstelle 124
Förderung professionell 104
Förderung zu Hause 105
Förderunterricht 104
Fremdsprachen 50, 63

G
Genetische Prädisposition 25

H
Handikap 85
Häufigkeit LRS 22
Heilpädagogische Schule LRS 36

I
Informationen altersgemäß 101
Inzidenz 22, 96

K
Konkret-operationale Phase 100
Kontrollüberzeugung 117
Konzentrationsschwäche 98

L
Lese-Rechtschreib-Schwäche 20
Lese-Rechtschreib-Störung 20
LRS als Herausforderung 92
LRS Definition WHO (ICD-10) 20
LRS-Sonderschule 37, 39

M
Merkfähigkeit 98
Minderwertigkeitsgefühl 86
Minimale cerebrale Dysfunktion (MCD) 21

O
Opferhaltung 92
Organisches Psychosyndrom 21
Organminderwertigkeit 86
Outing 70, 81

P
Persönlichkeiten mit LRS 9
Psychosoziale Folgeerscheinungen 28
Psychotherapeutische Begleitung 46

9 Index

R
Rechtschreibreform 90
Resilienzfaktoren 116, 124
Resilienzförderung 121
Resilienzforschung 111

S
Salutogenese 112
Sceno-Test 45
Schulnote Rechtschreibung 88
Schulpsychologische Beratung 36, 99, 105, 126
Selbstbewusstsein 123
Selbstvertrauen 117, 122
Selbstwirksamkeitserleben 121
Selbstwirksamkeitsüberzeugung 117
Selbstzweifel 107

Sigmatisierung 126
Sprachentwicklungsstörungen 27
Stabilisierung psycho-sozial 123
Symptome LRS 96
Symptome und Formvarianten 26

T
Teilleistungsstörung 21

U
Ursachen 23
Ursachen organisch 23

V
Verhaltensauffälligkeiten 44, 98

W
Wortblindheit 23

10 Informationen zum Autor

Dr. phil. Reinhold Haller

Kontakt

Dr. Reinhold Haller
Rheingaustraße 3
D 12161 Berlin

Mail: haller@rh-hr.de
Website: www.rh-hr.de